Clayton
M. CHRISTENSEN
James ALLWORTH
y Karen DILLON

¿CÓMO
VALORARÍAS
tu VIDA?

 HarperEnfoque

Harper*Enfoque*

¿Cómo valorarías tu vida?

© 2021, Harper*Enfoque*
Publicado en Nashville, Tennessee, Estados Unidos de América
HarperEnfoque es una marca registrada
de HarperCollins Christian Publishing, Inc.

¿Cómo valorarías tu vida?
Título original: How Will You Measure Your Life?

Traducción: María Teresa Solana.
Diseño de forros: Ana Paula Dávila.
Diseño y formación de interiores: Beatriz Méndez/Grafia Editores.

ISBN: 978-1-4003-4317-1
ISBN: 978-1-4003-4318-8 (eBook)

Primera edición: mayo, 2021.

Índice

A nuestras familias

Prólogo

EL ULTIMO DÍA DEL CURSO QUE IMPARTO EN LA ESCUELA DE NEGOCIOS de Harvard, por lo general empiezo diciéndoles a mis estudiantes lo que observé en mis propios compañeros de la escuela de negocios después de graduarnos. Al igual que cualquier escuela, nuestras reuniones cada cinco años ofrecían una serie de fascinantes instantáneas. La escuela es excelente para convocar de nuevo a sus alumnos a estos eventos que son magníficas oportunidades para la recaudación de fondos. La alfombra roja se despliega ante una serie de conferencistas y acontecimientos notables. Mi propia reunión de quinto año no fue la excepción y hubo una gran concurrencia. Al observar el entorno, todo mundo se veía tan importante y próspero que no se podía evitar sentir que realmente formábamos parte de algo especial.

Sin duda teníamos mucho que celebrar. Parecía que a mis compañeros les iba muy bien; tenían excelentes trabajos, algunos trabajaban en lugares exóticos, y la mayoría se las había arreglado para casarse con mujeres muchos más atractivas que ellos. Sus vidas parecían destinadas a ser maravillosas en todos los aspectos.

Pero para nuestra décima reunión, cosas que nunca habíamos esperado se hicieron cada vez más comunes. Algunos de mis compañeros no asistieron, y yo no tenía idea de cuál había sido la razón. Pero al llamarles o preguntar a otros amigos, poco a poco pude armar el rompecabezas. Entre mis compañeros había ejecutivos de prestigiosas consultoras o compañías financieras como McKinsey & Co. y Goldman Sachs; otros iban en camino de ocupar puestos muy altos en empresas de Fortune 500; algunos eran exitosos emprendedores, y unos cuantos ganaban enormes sumas de dinero que cambian la vida.

No obstante, a pesar de tales logros profesionales, muchos de ellos eran indudablemente infelices.

Detrás de la fachada del éxito profesional había muchos que no disfrutaban de lo que hacían para ganarse la vida. También había muchas historias de divorcios o matrimonios infelices. Recuerdo a un compañero que no había hablado con sus hijos en años y que ahora vivía en la costa opuesta a ellos. Otro ya iba en su tercer matrimonio desde que nos habíamos graduado.

Mis compañeros no solo eran algunas de las personas más brillantes que había conocido, también eran muy decentes. Cuando nos graduamos tenían planes y sueños sobre lo que querían lograr, no solo en sus carreras, sino también en sus vidas personales. Sin embargo, para algunos de ellos algo había salido mal en el camino; sus relaciones personales se empezaron a deteriorar a pesar de que sus perspectivas profesionales florecieron. Tenía la impresión de que se sentían avergonzados de explicar a sus amigos el contraste entre sus vidas personales y sus vidas profesionales.

En ese momento supuse que era un bache; una especie de crisis de la edad madura. Pero para las reuniones de los veinticinco y treinta años, los problemas se habían agravado. Uno de nuestros compañeros, Jeffrey Skilling, había acabado en la cárcel por el papel que desempeñó en el escándalo de Enron.

El Jeffrey Skilling que yo había conocido en nuestros años en la ENH [Escuela de Negocios de Harvard] era un buen hombre. Era inteligente, trabajaba duro, amaba a su familia. Había sido uno de los socios más jóvenes en la historia de McKinsey & Co., y después llegó a ganar más de cien millones en un año como directivo de Enron. Pero, al mismo tiempo, su vida privada no era tan exitosa: su primer matrimonio terminó en divorcio. Yo no reconocía al tiburón financiero que la prensa describía mientras se volvía cada vez más importante. Y, sin embargo, cuando toda su carrera salió a la luz a raíz de su condena por graves delitos federales relacionados con la quiebra financiera de Enron, no solo me impactó que se hubiera ido por el mal camino, sino la manera tan espectacular como lo hizo. Sin duda, algo lo llevó a tomar la dirección equivocada.

La insatisfacción personal, los fracasos familiares, los conflictos profesionales, incluso las conductas delictivas, no eran problemas exclusivos de mis compañeros de la ENH. Observé lo mismo en mis compañeros en los años en los que cursé mis estudios como becario Rhodes en la

Universidad de Oxford. Para ser merecedores de esa oportunidad se tenía que demostrar una excelencia académica extraordinaria, un desempeño superior en actividades extracurriculares como los deportes, la política o la escritura, y hacer una notable contribución a las respectivas comunidades. Mis compañeros eran personas íntegras, realizadas, que sin duda tenían mucho que ofrecer al mundo.

Pero al pasar los años, algunos de mis treinta y dos compañeros Rhodes también experimentaron desengaños similares. Uno desempeñó un papel prominente en un importante escándalo comercial, como se narra en el libro *Den of Thieves* [Cueva de ladrones]. Otro terminó en la cárcel por sostener una relación sexual con una adolescente que había trabajado en su campaña política. En esa época estaba casado y tenía tres hijos. Alguien que yo pensé que estaba destinado a la grandeza en las esferas profesional y familiar ha batallado en ambas, incluyendo más de un divorcio.

Tengo la certeza de que ninguna de estas personas se graduó con el objetivo deliberado de divorciarse o de perder el contacto con sus hijos, mucho menos de terminar en la cárcel. Sin embargo, esa fue exactamente la estrategia que muchos acabaron poniendo en práctica.

No quiero confundirlos. Junto a estos fracasos hay muchos compañeros que han tenido vidas ejemplares que han sido una verdadera inspiración para mí. Pero nuestras vidas aún no llegan a su fin y las de nuestros hijos justo ahora se están desplegando. Entender qué provoca los problemas que acorralaron a algunos de mis compañeros es importante no solo para aquellos que se han desviado del camino que habían planeado seguir, sino también para aquellos cuyas vidas aún se encuentran en el sendero correcto, así como para los que apenas empiezan su recorrido. Todos somos vulnerables ante las fuerzas y las decisiones que han descarrilado a muchos.

Yo me cuento entre los que hasta el momento han sido afortunados, en muchos sentidos gracias a mi maravillosa esposa Christine, quien nos ha ayudado a ver el futuro con notable clarividencia. No obstante, sería una insensatez escribir este libro para proclamar que cualquiera que imite las decisiones que hemos tomado también será feliz y exitoso. Más bien, en este libro he seguido el enfoque que ha caracterizado mi investigación sobre la gestión administrativa.

También he involucrado a mis estudiantes en este empeño. En el curso de maestría en administración de empresas [MBA, por sus siglas en inglés] "Crear y sostener una empresa de éxito", estudiamos teorías sobre las diversas dimensiones del trabajo de los directores generales. Dichas teorías son enunciados de lo que *causa* que las cosas ocurran, y por qué. Cuando los estudiantes comprenden estas teorías, nos las "ponemos" —como un par de lentes— para analizar el caso de una empresa. Discutimos cuál de las teorías nos puede decir por qué y cómo surgieron los problemas y las oportunidades en ella. Después, las utilizamos para predecir qué problemas y qué oportunidades pueden presentarse en el futuro, y las ajustamos para pronosticar qué acciones tendrán que tomar los directivos para enfrentarlos.

Al hacer esto, los estudiantes aprenden que una teoría sólida es capaz de explicar qué ha ocurrido y qué ocurrirá dentro de la jerarquía de los negocios: en la industria; en las corporaciones en el seno de esas industrias; en las unidades de negocios dentro de esas corporaciones, y en los equipos que se encuentran en el interior de las unidades de negocios.

En años pasados, el último día de clases, después de haber sintetizado lo que ocurre con frecuencia en las vidas de nuestros egresados, hemos llevado la discusión un paso más lejos, profundizando en un elemento fundamental de las organizaciones: los individuos. Para esta discusión, en lugar de utilizar los negocios como estudios de caso, nos usamos a nosotros mismos.

Participo en estas discusiones con más historia que mis estudiantes, pero observo las mismas reglas. No exploramos lo que *esperamos* que ocurra, sino qué es lo que las teorías *predicen* que nos ocurrirá como resultado de diferentes decisiones y acciones. Debido a que he estado presente en estas discusiones durante muchos años, he aprendido más sobre estos temas que ningún otro grupo de mis estudiantes. No obstante, para equilibrar las cosas con ellos he compartido historias acerca de cómo esas teorías han actuado en mi vida.

Con el objeto de estructurar la discusión, escribo en la parte superior del pizarrón las teorías que hemos estudiado. Después, debajo de ellas anoto tres sencillas preguntas: *Cómo puedo estar seguro de que:*

- *Seré exitoso y feliz con mi carrera.*
- *Las relaciones con mi esposa, mis hijos, mi familia, mis familiares y amigos cercanos se convertirán en una fuente de felicidad duradera.*
- *Lleve una vida íntegra y me mantenga fuera de la cárcel.*

Estas preguntas pueden sonar muy sencillas, pero son interrogantes que muchos de mis condiscípulos nunca se hicieron, o sí se las plantearon, pero perdieron la noción de lo que aprendieron.

Año tras año me ha sorprendido la forma en que las teorías del curso iluminaban aspectos de nuestras vidas personales, tal como lo hacen en las compañías que hemos estudiado. En este libro intentaré resumir algunas de las mejores ideas que mis estudiantes y yo analizamos el último día de clases.

EN LA PRIMAVERA DE 2010 PEDÍ HABLAR NO SOLO ANTE LOS ESTUDIANTES de mi clase, sino frente a todos los estudiantes que se graduaban. Pero eso no era lo único un poco diferente ese día. De pie ante el estrado, con la cabeza casi calva como resultado de la quimioterapia, expliqué que se me había diagnosticado un linfoma folicular, un cáncer similar al que había matado a mi padre. Expresé mi agradecimiento por dedicar ese tiempo para resumir lo que mis estudiantes y yo habíamos aprendido al aplicar esas teorías en nosotros mismos. Hablé de las cosas que son más importantes en nuestra vida, no solo cuando te enfrentas a una enfermedad potencialmente mortal, como era mi caso, sino las cosas de cada día. Compartir con los estudiantes mis ideas sobre cómo abrirte paso en el mundo fue una experiencia extraordinaria.

James Allworth, que estaba en mi clase ese semestre y en el público ese día, y Karen Dillon, que había escuchado mis opiniones en su calidad de editora de la revista *Harvard Business Review*, se conmovieron con el tema. Más tarde les pedí que me ayudaran a comunicar a un público más amplio el sentimiento que las personas experimentaron ese día en Burden Hall, en el campus de la Escuela de Negocios de Harvard.

Pertenecemos a tres diferentes generaciones y poseemos creencias que norman nuestras vidas radicalmente diferentes. James, un recién graduado de la escuela de negocios, me asegura que es ateo. Yo soy padre y abuelo con una fe profundamente arraigada, que va más allá de mi tercera carrera profesional. Karen, madre de dos hijas y que lleva dos décadas como editora, afirma que sus creencias y su carrera se ubican en algún punto entre nosotros dos.

Pero los tres nos unimos con el objetivo de ayudarte a comprender las teorías que planteamos en este libro porque creemos que pueden ayudarte a agudizar la precisión con la que puedes examinar y mejorar tu vida. Hemos escrito en primera persona, en mi voz, porque es la manera en la que le hablo a mis estudiantes —y a mis propios hijos— sobre estas ideas. Pero, en los hechos, James y Karen son verdaderos coautores.

No prometo que este libro ofrezca respuestas sencillas: trabajar con estos temas exige un gran esfuerzo. A mí me ha llevado décadas. Pero a la vez ha sido una de las tareas más provechosas de mi vida. Espero que las teorías que se describen en este libro te ayuden mientras prosigues tu travesía, para que al final puedas responder de manera definitiva la pregunta: ¿Cómo valorarías tu vida?

CAPÍTULO UNO

Solo porque tienes plumas...

> *Sin duda, hay montones de personas bien inten-*
> *cionadas que te han aconsejado cómo debes vi-*
> *vir tu vida, elegir una carrera o ser feliz. Recorre*
> *la sección de autoayuda de cualquier librería y*
> *te verás abrumado por un gran número de alter-*
> *nativas sobre cómo debes mejorar tu vida. De*
> *manera intuitiva sabes que todos esos libros no*
> *pueden tener razón. Pero, ¿cómo diferenciarlos?*
> *¿Cómo saber cuál es un buen consejo y cuál es*
> *uno malo?*

LA DIFERENCIA ENTRE QUÉ PENSAR Y CÓMO PENSAR

No hay respuestas fáciles para los desafíos de la vida. La búsqueda de la felicidad y el significado en la vida no es nueva. Los humanos han reflexionado sobre el significado de la vida durante miles de años.

No obstante, lo que es nuevo es la manera en que algunos pensadores modernos abordan el problema. Un grupo de supuestos expertos sencillamente ofrece respuestas. No es de sorprender que estas respuestas sean muy atractivas para algunos. Toman problemas complicados —que las personas pueden pasar toda la vida sin resolver— y ofrecen una solución rápida.

Eso no es lo que pretendo con este libro. No existen soluciones rápidas para los problemas fundamentales de la vida. Pero sí puedo ofrecerte herramientas, que llamaré *teorías,* que te ayudarán a hacer buenas elecciones, adecuadas a las circunstancias de tu vida.

En 1997 conocí el poder de este enfoque antes de publicar mi primer libro, *El dilema de los innovadores.* Un día recibí una llamada de Andy Grove, entonces presidente de Intel. Había oído hablar de uno de mis primeros artículos académicos sobre la innovación disruptiva, y me pidió que fuera a Santa Clara para hablar de mi investigación y decirles a él y a su equipo directivo lo que esta implicaba para Intel. Yo era un joven profesor, así que volé entusiasmado a Silicon Valley y me presenté a la hora acordada, solo para que Andy me dijera:

—Mira, ha ocurrido algo. Solo te podemos dedicar diez minutos. Dinos lo que tu investigación representa para Intel para que podamos seguir adelante.

Le respondí:

—Andy, no puedo hacer eso porque sé muy poco acerca de Intel. Lo único que puedo hacer es primero explicar la teoría; después podemos analizar a la compañía a través de los lentes que ofrece la teoría.

Y enseguida le mostré un diagrama de mi teoría de la disrupción. Le expliqué que la disrupción ocurre cuando un competidor entra al mercado con un producto de bajo precio o un servicio que la mayoría de los actores establecidos de la industria considera inferior. Pero el nuevo competidor emplea tecnología y su modelo de negocios mejora continuamente su oferta hasta que llega a ser suficientemente bueno para satisfacer las necesidades de los clientes. Diez minutos después de mi explicación, Andy me interrumpió impacientemente:

—Mira, entiendo tu modelo. Solo dinos qué significa para Intel.

Le dije:

—Andy, todavía no puedo hacerlo. Necesito describir cómo estos procesos se abrieron camino a través de una industria completamente distinta, para que puedas visualizar cómo funciona.

Narré la historia de la industria del acero, cómo Nucor y otras pequeñas acereras afectaron a los gigantes acereros integrados. Las miniplantas empezaron por atacar el extremo más bajo del mercado —la barra de refuerzo de acero, o varilla— y después, paso a paso, avanzaron hasta el extremo superior al fabricar láminas de acero, para con el tiempo llevar a todas, menos una, las acereras tradicionales a la bancarrota.

Cuando terminé la historia de las miniplantas, Andy añadió:

—Entiendo. Lo que significa para Intel es... —y continuó exponiendo lo que se convertiría en la estrategia de la empresa para irse al fondo del mercado al lanzar el procesador Celeron de bajo precio.

Desde entonces he pensado en ese intercambio un millón de veces. Si hubiera intentado decirle a Andy Grove lo que debía de pensar sobre el negocio de los microprocesadores habría destripado mi argumento. Ha olvidado su negocio más de lo que nunca sabré.

Pero en lugar de decirle *qué* pensar, le enseñé *cómo* pensar. Después, por su cuenta, tomó una arriesgada decisión sobre qué hacer.

Yo no tengo una opinión, la *teoría* tiene una opinión

Esa reunión con Andy cambió la forma en la que respondo preguntas. Cuando me preguntan algo, ahora rara vez contesto de manera directa. En cambio, formulo la pregunta mediante una teoría que está en mi propia mente, y entonces sé que lo que dice la teoría es probable que sea el resultado de un plan de acción en comparación con otro. Después, explico cómo se aplica a su pregunta. Para asegurarme de que la entiendan, les describo la manera en que el proceso en el modelo se abrió paso en una industria o en una situación diferente de la suya, para ayudarles a visualizar cómo funciona. Por lo general, las personas dicen: "Bien, entiendo". Y entonces responden su pregunta con mayor idea de lo que yo podría hacer.

Una buena teoría no cambia de opinión: no se aplica solo a algunas compañías o personas y a otras no. Es una afirmación general de qué causa qué y por qué. Para ilustrar esto, cerca de un año después de la reunión con Andy Grove recibí una llamada de parte de William Cohen, por entonces secretario de Defensa en la administración Clinton. Me dijo que había leído *El dilema de los innovadores*.

—¿Podría venir a Washington para hablarnos a mí y a mi equipo sobre su investigación? —me preguntó. Para mí esa era una oportunidad única en la vida.

Cuando el secretario Cohen dijo "mi equipo", de alguna manera me imaginé a subtenientes y pasantes. Pero cuando entré a la sala de conferencias, los jefes del Estado Mayor

Conjunto estaban en primera fila, seguidos por los secretarios del Ejército, la Marina y la Fuerza Aérea, y después cada uno de los subsecretarios, subdirectores y asistentes. Yo estaba atónito. El secretario me comentó que esa había sido la primera vez que había reunido a todos sus colaboradores directos en una sala.

El secretario Cohen me pidió de manera sencilla que presentara mi investigación. Así que, utilizando las mismas diapositivas de PowerPoint que había empleado con Andy Grove, empecé a hablar sobre la teoría de la disrupción. Después de haber explicado la manera en que las miniplantas habían socavado la industria del acero tradicional al empezar con la barra de refuerzo al final, el general Hugh Shelton, entonces presidente del Estado Mayor Conjunto, me detuvo.

—¿No tiene idea de por qué estamos interesados en esto, verdad? —cuestionó. Después señaló la gráfica de las miniplantas.

—¿Ve los productos de placas de acero a la cabeza del mercado? —preguntó—. Esos eran lo soviéticos y ya no son el enemigo. —Después apuntó a la parte más baja del mercado, la barra de refuerzo, y dijo—: La barra de refuerzo de nuestro mundo son las acciones de vigilancia local y terrorismo.

Así como las miniplantas, que estaban en la base del mercado, atacaron a las plantas acereras integradas masivamente y después se movieron hacia arriba, exclamó preocupado:

—Todo sobre la manera en la que desempeñamos nuestros trabajos se enfoca en el extremo superior del problema: lo que antes era la URSS.

Una vez que comprendí por qué estaba ahí pudimos discutir cuál sería el resultado de combatir el terrorismo desde los departamentos existentes, en contraposición a establecer una organización totalmente nueva. Los jefes del Estado Mayor Conjunto más tarde tomaron la decisión de emprender el camino de conformar un nuevo organismo, el Comando de las Fuerzas Conjuntas en Norfolk, Virginia. Durante más de una década dicho comando funcionó como un "laboratorio transformador" para las fuerzas armadas estadunidenses para desarrollar e implementar estrategias para combatir el terrorismo en el mundo.

En apariencia, la competencia en el mercado de microchips y la proliferación del terrorismo global no podrían ser problemas más diferentes entre sí. Pero básicamente son el mismo problema, solo que en contextos diferentes. Una buena teoría nos puede ayudar a categorizar, explicar, y más importante aún, a predecir.

Las personas a menudo piensan que la mejor manera de predecir el futuro es reunir la mayor información posible antes de tomar una decisión. Pero esto se parece a conducir un auto solo viendo por el espejo retrovisor, ya que la información de que se dispone es sobre el pasado.

Sin duda, aunque la experiencia y la información pueden ser buenas maestras, hay muchos momentos en la vida en los que sencillamente no podemos permitirnos aprender sobre la marcha. No deseas tener varios matrimonios para aprender a ser un buen esposo. O esperar a que tu hijo menor haya crecido para dominar la paternidad. Esta es la razón por la cual la teoría puede ser tan valiosa: puede explicar lo que va a ocurrir, incluso antes de que lo experimentes.

Por ejemplo, considera la historia de los intentos de la humanidad por volar. Los primeros investigadores observaron una estrecha relación entre volar y poseer plumas y alas. Las historias de los hombres que intentaron volar atados a alas datan de hace cientos de años. Reproducían lo que creían que permitía a las aves elevarse: las alas y las plumas.

Poseer dichos atributos tenía una alta *correlación* —una conexión entre dos cosas— con la habilidad de volar, pero cuando los humanos intentaron aplicar los que creían eran los "métodos óptimos" de los voladores más exitosos atándose alas y saltando desde catedrales aleteando con fuerza... fracasaron. El error consistía en que a pesar de que las plumas y las alas estaban correlacionadas con el vuelo, los potenciales aviadores no entendían el *mecanismo causal* fundamental —lo que realmente hace que algo ocurra— que permitía a ciertas criaturas volar.

El verdadero avance en el vuelo humano no provino de diseñar mejores alas o usar más plumas. Este fue alcanzado por el matemático suizo-holandés Daniel Bernoulli y su libro *Hidrodinámica*, un estudio sobre la mecánica de fluidos. En 1738 describió lo que se conocería como principio de Bernoulli, una teoría que, al aplicarse al vuelo, explicaba el concepto de elevación. Hemos ido de la correlación (alas y plumas) a la causalidad (elevación). El vuelo moderno puede rastrearse directamente a partir del desarrollo y la adopción de esta teoría.

Pero incluso la innovadora comprensión de la causa del vuelo aún no era suficiente para hacer de este algo perfectamente *confiable*. Cuando un avión se estrellaba los investigadores se tenían que preguntar: "¿Cuáles fueron las circunstancias que condujeron al fracaso a ese particular intento de volar? ¿El viento? ¿La niebla? ¿El ángulo del aparato?". De esta manera, los investigadores podían definir qué reglas debían observar los pilotos para tener éxito en cada circunstancia diferente. Una marca distintiva de la buena teoría es que suministra su consejo en afirmaciones de "si-entonces".

EL PODER DE LA TEORÍA EN NUESTRAS VIDAS

¿De qué manera las teorías fundamentales tienen relación con encontrar la felicidad en la vida?

Recurrir a las respuestas fáciles —como atarse unas alas y plumas— es increíblemente atractivo. Ya sea que dichas respuestas provengan de escritores que pregonan medidas garantizadas para hacer millones, o las cuatro cosas que hay que hacer para ser feliz en el matrimonio, deseamos creer que funcionarán. Pero gran parte de lo que se ha convertido en pensamiento popular no está fundado en nada más que en una serie de anécdotas. Resolver las dificultades de tu vida requiere de una profunda comprensión de lo que provoca lo que ocurre. Las teorías que abordaré contigo te ayudarán a hacer exactamente eso.

El presente libro emplea investigación llevada a cabo en la Escuela de Negocios de Harvard y en algunas de las universidades más importantes del mundo. Ha sido rigurosamente comprobada en organizaciones de todos tamaños en todo el mundo.

Así como estas teorías explican el comportamiento en una amplia gama de circunstancias, de igual manera se adaptan a una gran variedad de preguntas. Pero al tratarse de problemas más complejos a veces no es tan sencillo identificar la teoría única que ayude a resolverlos. Puede haber múltiples teorías que proporcionen perspectivas sobre ellos. Por ejemplo, a pesar de que el pensamiento de Bernoulli fue un avance revolucionario, se requirió de otros trabajos —como comprender la gravedad y la resistencia— para explicar totalmente el vuelo.

Cada capítulo de este libro pone de relieve una teoría que puede aplicarse a un problema en particular. Pero como ocurrió en el caso de entender el vuelo, los problemas en nuestra vida no siempre se ajustan perfectamente a las teorías. La forma en la que combiné los problemas y las teorías en los capítulos siguientes se basa en cómo mis estudiantes y yo los hemos discutido en clase. Invito al lector, en la medida en que recorra estas páginas, a regresar a las teorías de los primeros capítulos, tal como hacen mis estudiantes, y también a explorar los problemas a través de la perspectiva de múltiples teorías.

Estas teorías son herramientas poderosas. Yo he aplicado muchas de ellas en mi propia vida, y hubiera querido tener a la mano algunas cuando era más joven y me enfrentaba a algún problema. El lector verá que sin la teoría es como si estuviéramos en medio del océano sin sextante. Si no podemos ver más allá de lo que tenemos cerca, dependemos de la casualidad —de las corrientes de la vida—para guiarnos. La buena teoría ayuda a las personas a dirigirse hacia las buenas decisiones, no solo en los negocios, también en la vida.

⌒

Tal vez te sientas tentado a tomar decisiones en tu vida con base en lo que sabes que ha ocurrido en el pasado o en lo que les ha sucedido a otras personas. Debes aprender lo más que puedas sobre el pasado; de los estudiosos que lo han analizado y de las personas que han experimentado problemas del tipo que probablemente estás enfrentando. Pero esto no resuelve el problema fundamental de qué información y qué consejos debes aceptar, y cuáles debes ignorar al embarcarte en el futuro. En cambio, utilizar una teoría sólida para predecir lo que ocurrirá tiene muchas más posibilidades de éxito. Las teorías de este libro se basan en un profundo entendimiento del empeño humano: qué provoca qué para que ocurra, y por qué. Han sido rigurosamente examinadas y empleadas en organizaciones en todo el globo y también nos pueden ayudar en las decisiones que tomamos cada día en nuestras vidas.

SECCIÓN I

Encontrar la felicidad en tu carrera

La única forma de sentirse verdaderamente satisfecho es hacer lo que crees que es un gran trabajo. Y la única manera de hacer un gran trabajo es amar lo que haces. Si todavía no lo encuentras, sigue buscando. No te conformes. Al igual que con todos los asuntos del corazón, lo sabrás cuando lo encuentres.

Steve Jobs

Cuando tenías diez años y alguien te preguntaba qué querías ser de grande, cualquier cosa parecía posible: astronauta, arqueólogo, bombero, beisbolista, la primera presidenta de Estados Unidos. En ese entonces tus respuestas estaban guiadas sencillamente por lo que pensabas que te haría realmente feliz. No había límites.

Solo unos cuantos nunca perdieron de vista aspirar a hacer algo realmente significativo. Pero muchos de nosotros, con el paso de los años permitimos que nuestros sueños desaparecieran. Escogimos nuestros trabajos por razones equivocadas y después nos conformamos con ellos. Empezamos por aceptar que no era realista hacer algo que verdaderamente amáramos para vivir.

Muchos de nosotros que emprendimos el camino del compromiso nunca daremos marcha atrás. Considerando el hecho de que probablemente pasas más de tus horas de vigilia en tu trabajo que en cualquier otra parte de tu vida, este es un compromiso que siempre te devorará.

Pero no necesitas resignarte a ese destino.

Durante años estuve en el mundo laboral, alejado de la escuela, hasta que me di cuenta de que podía regresar a enseñar y desarrollar una generación de jóvenes maravillosos. Durante mucho tiempo no tuve idea de que eso pudiera ser posible. Ahora no hay otra cosa que me gustaría hacer. Cada día pienso en lo afortunado que soy.

Quiero que tú puedas experimentar esa sensación de levantarte cada mañana pensando en lo afortunado que eres al hacer lo que *estás* haciendo. En los siguientes capítulos juntos construiremos una estrategia para que hagas exactamente eso.

¿Una estrategia? En un nivel básico, una estrategia es lo que deseas lograr y cómo vas a llegar a ese punto. En el mundo de los negocios, esta es resultado de múltiples influencias: cuáles son las prioridades de la compañía, cómo responde la empresa a las oportunidades y riesgos a lo largo del camino, y cómo asigna sus preciados recursos. Estas cuestiones se combinan continuamente para crear y desarrollar una estrategia.

Sin embargo, no es necesario que reflexiones en esto por más de un minuto antes de que caigas en la cuenta de que este mismo proceso de establecer una estrategia está presente en cada uno de nosotros también. Tenemos propósitos para nuestras carreras. Pero ante ellas surgen oportunidades y amenazas que no hemos anticipado. Y cómo asignamos nuestros recursos —tiempo, talento y energías— es como definimos la verdadera estrategia de nuestras vidas. En ocasiones la estrategia real coincide muy de cerca con lo que pretendíamos. Pero con frecuencia lo que realmente terminamos haciendo es muy diferente de lo que nos habíamos propuesto.

No obstante, el arte de gestionar esto no es nada más erradicar por completo cualquier cosa que no formaba parte del plan original. Entre las amenazas y oportunidades que no anticipamos se encuentran casi siempre mejores alternativas que estaban presentes en nuestros planes originales. El estratega en nuestro interior debe imaginar cuáles son estas cosas mejores, y después gestionar nuestros recursos con objeto de nutrirlas.

Los siguientes capítulos están diseñados para ayudarte a potenciar estos conceptos respondiendo a la pregunta: "¿Cómo puedo encontrar la felicidad en mi carrera?".

El punto de partida para nuestra travesía es la discusión de las prioridades. En efecto, estas son el núcleo de tus criterios de toma de decisiones: ¿qué es lo más importante para ti en tu carrera? El problema es que lo que pensamos que importa más en nuestros trabajos con frecuencia no se ajusta a lo que realmente nos hace felices. Peor aún, no percibimos ese desfase sino hasta demasiado tarde. Para ayudarte a evitar este error quiero analizar la mejor investigación que tenemos sobre lo que verdaderamente motiva a las personas.

Después de esto, pondré de relieve la mejor manera de equilibrar nuestros planes para encontrar algo que realmente amamos hacer con las oportunidades y desafíos que nunca esperamos que surgieran en nuestras vidas. Mientras que muchas personas argumentarán que siempre debes tener planeados los siguientes cinco años de tu vida, otras han seguido la estrategia de solo contemplar lo que pasa y te dirán que les ha funcionado muy bien. Hay un tiempo y un lugar para ambos enfoques. Basándonos en nuestra investigación explicaré cuáles son las mejores circunstancias para tener dicho plan, y cuándo es mejor ser emergente, estar abierto a lo inesperado.

El elemento final es la ejecución. La única manera de poner en práctica una estrategia es dedicarle recursos. No bastan las buenas intenciones —no estás poniendo en marcha la estrategia que pretendes si no inviertes tu tiempo, tu dinero y tu talento de una manera que sea consistente con tus intenciones—. ¿Cómo vas a decidir cuál de esas demandas obtiene recursos? La trampa en la que caen muchas personas es dedicar su tiempo a quienquiera que grite más fuerte, y su talento a lo que sea que les ofrezca la recompensa más rápida. Esa es una manera peligrosa de construir una estrategia.

Todos estos factores —prioridades, equilibrar planes con oportunidades y asignar tus recursos— se combinan para crear una estrategia. El proceso es continuo: incluso mientras tu estrategia empieza a cobrar forma aprenderás nuevas cosas y siempre surgirán nuevos problemas y oportunidades. Ellos se retroalimentarán; el ciclo es continuo.

Si eres capaz de comprender y manejar este proceso estratégico, tendrás la mejor oportunidad de hacer las cosas bien, de tener una carrera que amarás verdaderamente.

Incluso si no llegas a ser astronauta.

CAPÍTULO DOS

Lo que nos hace funcionar

Es imposible entablar una conversación verdadera sobre la felicidad sin entender lo que nos hace funcionar a cada uno de nosotros. Cuando nos encontramos atrapados en carreras infelices —e incluso en vidas infelices—, con frecuencia es como resultado de un malentendido fundamental de lo que realmente nos motiva.

LA IMPORTANCIA DE TENER LA MOTIVACIÓN CORRECTA

Cuando dirigía CPS Technologies, una empresa que fundé junto con varios profesores del MIT [Instituto Tecnológico de Massachusetts] en los primeros años de mi carrera, tuve una epifanía del tipo de cosas que nos motivan. Un sábado de verano organizamos un día de campo para las familias de nuestros empleados en un parque cercano a nuestros laboratorios. No era nada sofisticado, pero era una oportunidad de tener una perspectiva tridimensional de las vidas de nuestros colegas.

Una vez que todos hubieron llegado, le di una vuelta al grupo solo para imaginar quién pertenecía a quién. Con el rabillo del ojo vi a Diana, una de nuestras científicas, y a su esposo, jugando con sus dos hijos. Diana ocupaba un puesto clave en el laboratorio: era química analítica. Su labor consistía en ayudar a los otros científicos a utilizar el equipo especializado de nuestra compañía para que pudieran saber qué elementos estaban presentes en los componentes que creaban o con los que estaban trabajando. Necesariamente, esperar a que llegaran los resultados de las pruebas que Diana llevaba a cabo ocasionalmente frustraba a algunos de los veinte o más científicos del equipo, cada uno de los cuales necesitaba que su análisis se hiciera con la más alta prioridad. Esto frustraba a Diana aún más. Ella deseaba ayudar a todos, pero como *start-up* no podíamos adquirir equipo ilimitado. Así que había un número limitado de máquinas y solo diez horas al día de trabajo de Diana. Como resultado, sus días con frecuencia se veían copados por batallas campales.

Pero no fue eso lo que vi en ese momento. En cambio, me impresionó el amor que Diana y su esposo claramente compartían con sus dos hijos. Al verla ahí empecé a tener una perspectiva de Diana en el pleno contexto de su vida. No era solo una científica. Era madre y esposa cuyo ánimo, felicidad y autoestima tenían un enorme impacto en su familia. Empecé a pensar en cómo sería en su casa por la mañana, al despedirse de su familia y dirigirse a su trabajo.

Después, imaginé a Diana al regresar a su casa diez horas más tarde, un día en que todo había salido mal, sintiéndose subestimada, frustrada y humillada; algo que no era nuevo para ella. En ese momento sentí como si hubiera visto cómo su día en el trabajo afectaba de manera negativa la forma en la que interactuaba por las noches con su esposo y sus pequeños hijos.

Después, esta visión se adelantaba al final de otro día. Por un lado estaba tan dedicada al experimento que estaba desarrollando que deseaba quedarse en el trabajo, pero por el otro ansiaba tanto pasar tiempo con su esposo e hijos que evidentemente anhelaba estar en casa. Ese día la vi dirigirse a su casa con una mayor autoestima, sintiendo que había ganado mucho al haber sido reconocida por haber logrado cosas valiosas y desempeñado un papel importante en el éxito de algunas iniciativas de algunos científicos y de la compañía. Sentí como si la pudiera ver dirigiéndose a su hogar al final de ese día con una gran reserva de autoestima que influía profundamente en la interacción con su esposo y esos dos adorables niños. Y también sabía que al día siguiente llegaría al trabajo motivada y llena de energía.

Fue una gran lección.

¿Los incentivos hacen que el mundo gire?

Seis años más tarde me encontraba frente a una clase en Harvard enseñando Tecnología y administración de operaciones, un curso obligatorio en el primer año para todos los estudiantes de maestría. Durante la discusión de ese día sobre el caso de estudio de una compañía de grandes materiales, una estudiante sugirió una manera de resolver el conflicto con uno de sus clientes más importantes. Propuso que la compañía asignara al ingeniero principal, Bruce Stevens, al proyecto, además de sus otras responsabilidades. Le pregunté:

—Pedirle a Bruce que haga esto de manera aislada tiene sentido. Pero lograr que Bruce realmente haga de esto su máxima prioridad, además de una bandeja desbordante de otras responsabilidades, ¿no resultará difícil?

Su respuesta fue:

—Solo dale un incentivo.

—Oh, esa sin duda es una respuesta muy simple. ¿En qué tipo de incentivo estás pensando? —le pregunté.

Ella respondió:

—Si lo hace a tiempo dale un bono.

—El problema —le contesté— es que también tiene otras responsabilidades en otros proyectos. Si se enfoca en este como su máxima prioridad se va a atrasar en esos otros proyectos, y qué vas a hacer: ¿darle otro incentivo financiero para motivarlo a esforzarse más en los otros proyectos?

Señalé una característica en el caso de Bruce. Sin duda era un hombre motivado que habitualmente trabajaba más de setenta horas a la semana.

Cuando la estudiante afirmó que eso sería exactamente lo que haría, la presioné más.

—El resto de los empleados verá que le estás dando un bono a Bruce. ¿No exigirán que los trates de la misma manera? ¿Y adónde conduciría todo eso? ¿Estarías dispuesta a pagarles de manera específica por cada tarea, dirigiéndote hacia un sistema fragmentado?

Le hice notar que en ese caso los ingenieros de esa compañía trabajaban muy duro todos los días sin ningún incentivo.

—Parecería que aman su trabajo, ¿no? —le pregunté.

Entonces otro estudiante añadió:

—No creo que puedas pagarle a Bruce un incentivo ya que es contrario a la política de la empresa. Los bonos por desempeño por lo general solo se les dan a los gerentes generales en el ámbito comercial, no a los ingenieros, y es en el nivel gerencial donde los ingresos y los costos van juntos. Fuera de eso, los empleados son responsables solo de una pieza del rompecabezas, por lo que los incentivos pueden desequilibrar las cosas.

—Oh —respondí—, permíteme entender lo que estás diciendo. En esta empresa, muchos de los altos ejecutivos eran ingenieros. Durante esa etapa de su vida parecían motivados por el trabajo mismo. No necesitaban incentivos, ¿verdad? Entonces ¿qué ocurrió después? Cuando se convirtieron en ejecutivos, ¿se transformaron en otros seres, en el tipo de personas que necesitaban incentivos financieros para trabajar duro? ¿Eso es lo que me estás diciendo?

Mientras continuaba la discusión en la clases ese día, yo sentía que se abría una brecha entre mi mundo y el de algunos de mis estudiantes. Parecía que en su mundo los incentivos hacían que el mundo girara. Y en el mío…, bueno, yo había trabajado con Diana y sus colegas.

¿Cómo podíamos ver algo tan fundamental en formas tan distintas?

UNA MEJOR TEORÍA DE LA MOTIVACIÓN

La respuesta radica en un profundo abismo sobre cómo los conceptos de incentivos y motivación se relacionan entre sí. Existen dos amplios campos en esta cuestión.

Allá por 1976, dos economistas, Michael Jensen y William Meckling, publicaron un ensayo en recuerdo de aquellos del primer campo. El ensayo, que ha sido uno de los más citados en las últimas tres décadas, se enfocaba en un problema conocido como teoría de la agencia o *teoría de los incentivos*: ¿por qué los gerentes no se comportan de manera que favorezca los intereses de los accionistas? La raíz del problema, según Jensen y Meckling, es que las personas trabajan de acuerdo con el salario. La conclusión era que hay que compaginar los intereses de los ejecutivos con los de los accionistas. De esa forma, si las acciones suben, a los ejecutivos se les compensa más, lo que hace que tanto los accionistas como los ejecutivos estén contentos. A pesar de que Jensen y Meckling no abogaron de manera específica por paquetes de grandes sueldos, su idea sobre qué provoca que los ejecutivos se enfoquen en algunas cosas y no en otras son los incentivos financieros. No cabe duda de que el impulso del rendimiento máximo se ha empleado ampliamente como argumento para disparar las compensaciones bajo el disfraz de "alineación de incentivos".

No solo han sido mis estudiantes los que se han convertido en creyentes de esta teoría. Muchos gerentes han adoptado el razonamiento subyacente de Jensen y Meckling —creer que cuando necesitas convencer a otros de que deben hacer una cosa y no otra, solo debes pagarles para que hagan lo que quieres que hagan, cuando quieres que lo hagan—. Es fácil, es medible; en esencia, sencillamente puedes confiar la gestión a una fórmula. Incluso los padres pueden adoptar el criterio de que las recompensas externas son la manera más efectiva para estimular el comportamiento que desean en sus hijos; por ejemplo, ofrecerles una recompensa económica por cada 10 en sus calificaciones.

Una de las mejores formas para explorar si puedes confiar en el consejo que te ofrece una teoría es buscar anomalías, algo que la teoría no pueda explicar. ¿Recuerdan nuestra historia sobre aves, plumas y volar? Los primeros aviadores podrían haber visto algunas señales de advertencia en sus rudimentarios análisis del vuelo si hubieran examinado lo que sus creencias o teorías no podían explicar. Los avestruces tienen alas y plumas, pero no pueden volar. Los murciélagos tienen alas pero no plumas y son grandes voladores. Y las ardillas voladoras no tienen alas ni plumas… y se las arreglan.

El problema con la teoría principal, o los incentivos, es que hay poderosas anomalías que no pueden explicarse. Por ejemplo, algunas de las personas más trabajadoras del planeta están empleadas en organizaciones no lucrativas o benéficas. Muchas trabajan en las condiciones más difíciles imaginables —en zonas de desastres, en países asolados por la hambruna y las inundaciones—. Ganan una fracción de lo que ganarían si estuvieran en el sector privado. Sin embargo, es raro escuchar a los gerentes de estas organizaciones quejarse de no poder motivar a su personal.

Puedes desestimar a estos trabajadores por idealistas. Pero el ejército también atrae a personas notables. Comprometen sus vidas al servicio de su país. Y no lo hacen por una compensación económica. En realidad, es todo lo contrario: trabajar en el ejército está muy lejos de ser de los empleos mejor pagados que puedas escoger. No obstante, en muchos países, incluyendo Estados Unidos, las fuerzas armadas se consideran una organización sumamente efectiva. Y muchas personas que trabajan en ellas obtienen una profunda satisfacción de su trabajo.

Entonces, ¿cómo explicamos qué los motiva si no es el dinero?

Bien, existe una segunda escuela de pensamiento, con frecuencia llamada *teoría bifactorial* o *teoría de la motivación,* que le da un vuelco a la teoría del incentivo. Reconoce que le puedes pagar a las personas —una y otra vez—para que deseen lo que tú deseas. Pero los *incentivos* no son lo mismo que la *motivación.* La verdadera motivación es lograr que las personas hagan algo porque *desean* hacerlo. Este tipo de motivación se mantiene en los buenos y en los malos tiempos.

Frederick Herzberg, probablemente uno de los escritores más incisivos sobre la teoría de la motivación, publicó un revolucionario artículo en la revista *Harvard Business Review,* centrado precisamente en eso. Escribía para un público empresarial, pero lo que descubrió acerca de la motivación se aplica a todos nosotros por igual.

Herzberg señala que la creencia común de que la satisfacción en el trabajo es una enorme banda continua que inicia con *muy feliz* en un extremo y recorre toda la gama hasta llegar a *totalmente infeliz* en el otro, no es en realidad como la mente trabaja. Al contrario, la satisfacción y la insatisfacción son medidas separadas, independientes. Esto significa, por ejemplo, que es posible que ames y odies tu trabajo al mismo tiempo.

Permítanme explicarlo. Esta teoría distingue entre dos tipos de factores: factores higiénicos y factores motivacionales.

De un lado de la ecuación están los elementos del trabajo que, si no se llevan a cabo de manera correcta, nos hacen que nos sintamos insatisfechos. A estos se les llama *factores higiénicos.* Dichos factores son cosas como estatus, compensación, seguridad en el trabajo, condiciones laborales, políticas de la compañía y prácticas de supervisión. Por ejemplo, importa que no tengas un gerente que te manipule para sus propios fines, o que no te exija cuentas por cosas sobre las que no tienes responsabilidad. Una mala higiene provoca insatisfacción. Es necesario que enfrentes y corrijas una mala higiene para asegurarte de no sentirte insatisfecho con tu trabajo.

Curiosamente, Herzberg afirma que la *compensación* es un *factor higiénico* y no un factor motivador. Tal como Owen Robbins, un exitoso y alto ejecutivo financiero y el miembro de la junta directiva que presidió nuestro comité de compensación en CPS Technologies, me aconsejó una vez: "La compensación es un trampa mortal. A lo más a lo que puedes aspirar (como director general) es a publicar una lista con el nombre y el salario de cada empleado, y escuchar a todos ellos decir: 'Desearía que me pagaran más, pero caray, esta lista es razonable'. Clayton, puedes creer que es fácil dirigir esta compañía dando incentivos o recompensas a las personas. Pero si alguien cree que está trabajando muy duro y que se le paga menos que a otro, será como inocular el cáncer en esta empresa". La compensación es un factor higiénico. Es necesario hacer bien las cosas. Pero a todo lo que puedes aspirar es a que los empleados no se enojen entre ellos y con la compañía debido a la compensación.

Esta es una idea importante en la investigación de Herzberg: si mejoras al instante los factores higiénicos de tu trabajo, no vas a amarlo repentinamente. En el mejor de los casos ya no lo *odiarás*. Lo opuesto de la *insatisfacción en el trabajo* no es la *satisfacción en el trabajo,* sino más bien la *ausencia de insatisfacción en el trabajo.* No son lo mismo en absoluto. Es importante abordar factores higiénicos como un ambiente laboral seguro y agradable, relaciones con los gerentes y los colegas, dinero suficiente para velar por tu familia. Si careces de estas cosas estarás insatisfecho con tu trabajo. Pero estas cosas por sí mismas no harán nada para que ames tu trabajo: solo harán que dejes de odiarlo.

EL EQUILIBRIO ENTRE LOS MOTIVADORES Y LOS FACTORES HIGIÉNICOS

Entonces, ¿cuáles son las cosas que nos satisfarán verdadera y profundamente, los factores que harán que amemos nuestros trabajos? Estos son los que la investigación de Herzberg llama *motivadores*. Los factores de motivación incluyen un trabajo estimulante, reconocimiento, responsabilidad y crecimiento personal. Sentir que estás haciendo una contribución significativa para que el trabajo provenga de las condiciones *intrínsecas* del trabajo mismo. La motivación se trata menos de la incitación o el estímulo externos y mucho más de lo que está dentro de ti y dentro de tu trabajo.

Cabe esperar que hayas tenido experiencias en tu vida que satisfagan los motivadores de Herzberg. Si es así, reconocerás la diferencia entre eso y una experiencia que únicamente proporciona factores higiénicos. Pudo haber sido un trabajo en el que desempeñabas una labor que era realmente importante para ti, que era interesante y estimulante, que te permitía crecer profesionalmente, o que te daba la oportunidad de aumentar tu responsabilidad. Esos son los factores que te motivarán, que te harán amar lo que estás haciendo. Y espero que mis estudiantes aspiren a eso, porque sé que puede marcar la diferencia entre temer o estar emocionado de ir al trabajo todos los días.

La perspectiva de la teoría de Herzberg me proporcionó una visión real de las elecciones que algunos de mis compañeros hicieron en sus carreras después de graduarnos. Mientras que muchos de ellos desempeñaban carreras muy motivadoras, mi percepción era que un número desconcertante no lo hacía. ¿Cómo es posible que personas que parecen tener el mundo a sus pies terminen

tomando conscientemente decisiones que las hacen sentirse frustradas?

El trabajo de Herzberg arroja alguna luz sobre esto.
Muchos de mis colegas escogieron carreras utilizando los
factores higiénicos como criterio básico; con frecuencia
el ingreso era la norma más importante. En apariencia tenían muchas buenas razones para hacer exactamente eso.
Muchas personas veían su educación como una inversión.
Le dedicas muchos años de tu vida laboral, años en los que
de otra manera tendrías un salario. A lo que hay que añadir
que con frecuencia se necesita recurrir a grandes préstamos
para financiar tu carrera, además de tener que mantener a
tu joven familia, como fue mi caso. En el minuto en que te
recibes conoces con exactitud el tamaño de tu deuda.

Sin embargo, no me pasó desapercibido que muchos de
mis compañeros asistían a la escuela por diferentes razones. Algunos habían redactado sus ensayos de ingreso con
la esperanza de aplicar sus conocimientos para enfrentar algunos de los problemas sociales más punzantes del mundo;
otros soñaban con hacerse emprendedores y crear sus propios negocios.

De vez en cuando hablábamos sobre nuestros planes
después de graduarnos, nos estimulábamos y tratábamos
de ser honestos: "¿Qué tal si haces algo importante, o algo
que realmente ames? ¿No fue esa la razón por la que viniste
aquí?". La respuesta no se hacía esperar: "No te preocupes.
Esto es solo por unos años. Solo pago mis deudas, me colo-
co en una buena posición financiera y entonces iré en pos
de mis verdaderos sueños".

No era un argumento poco razonable. Las presiones que
todos enfrentábamos —proveer a nuestras familias, satisfacer nuestras expectativas y las de nuestros padres y amigos,

y para algunos seguir el ritmo de nuestros vecinos— eran duras. En el caso de mis condiscípulos (y desde entonces para muchos egresados), esto se manifestaba en aceptar cargos como banqueros, administradores de fondos, consultores y muchos otros puestos bien vistos. Para algunos se trataba de la elección de su vida —amaban genuinamente lo que hacían y esos puestos les funcionaban muy bien—. Pero para otros eran una alternativa que se basaba en una retribución financiera por su costosa carrera.

Al tomar estos trabajos se las arreglaban para pagar sus créditos estudiantiles y poner bajo control sus hipotecas y a sus familias en una confortable situación financiera. Pero de alguna manera, esa promesa temprana de volver a su pasión real después de unos años seguía posponiéndose. "Solo un año más...", o "No estoy seguro de qué más voy a hacer por ahora". Y mientras tanto sus ingresos seguían aumentando.

Sin embargo, no pasó mucho tiempo antes de que algunos de ellos admitieran en privado que en realidad habían empezado a resentir los trabajos que habían aceptado, y ahora se daban cuenta de que había sido por las razones equivocadas. Peor aún, se vieron atrapados. Habían adecuado su estilo de vida a los salarios que percibían y era verdaderamente difícil rebobinar. Las decisiones que tomaron al principio se basaron en factores higiénicos, no en verdaderos motivadores, y no podían encontrar la manera de salir de esa trampa.

El punto no es que el dinero sea la causa de la infelicidad profesional. No lo es. El problema empieza cuando se convierte en la prioridad sobre todo lo demás, cuando los factores higiénicos están satisfechos pero la aspiración sigue siendo hacer más dinero. Incluso aquellos que desempeñan carreras que parecen estar específicamente enfocadas en el dinero, como los vendedores y los comerciantes, están sujetos a estas reglas de motivación; la diferencia estriba en que en estas profesiones el dinero actúa como un criterio de éxito de gran precisión. Por ejemplo, los comerciantes exitosos se ven motivados a predecir lo que pasará en el mundo y a hacer apuestas con base en dichas predicciones. Acertar está casi directamente relacionado con hacer dinero; es la confirmación de que están haciendo correctamente su trabajo, la medida que emplean para competir. De manera similar, los vendedores experimentan el éxito al convencer a sus clientes de que el producto o el servicio que venden les ayudará en sus vidas. Otra vez, el dinero se correlaciona directamente con el éxito: una venta. Es un indicador de cuán bien están haciendo su trabajo. No se trata de que algunos seamos criaturas fundamentalmente distintas —podremos encontrar cosas diferentes significativas o disfrutables—, sino de que la teoría funciona de la misma manera para todos. La teoría de Herzberg sugiere que si encuentras motivadores amarás tu trabajo, aun cuando no estés haciendo montones de dinero. Vas a estar motivado.

La motivación importa en lugares que no imaginarías

Entender realmente qué motiva a las personas es esclarecedor en todo tipo de situaciones, no solo en las carreras de las personas. Mis dos hijos mayores me enseñaron una dimensión muy importante de la teoría de Herzberg sobre la motivación. Cuando adquirimos nuestra primer casa encontré un lugar en el patio trasero que sería idóneo para construir una casa de juegos. Matthew y Ann tenían las edades ideales para ese tipo de actividad, y nos entregamos a ello. Pasamos semanas seleccionando la madera, escogiendo las tejas, trabajando en el piso, en las partes laterales, el techo. Clavé casi todos los clavos y dejé que ellos les dieran los toques finales. Por supuesto que nos llevó más tiempo decidir de quién era el turno para martillar o serruchar. Sin embargo, fue divertido observar sus sentimientos de orgullo. Cuando sus amigos iban a jugar, la primera cosa que hacían era llevarlos al patio de atrás y mostrarles los progresos. Y cuando yo llegaba a casa, su primera pregunta era cuándo podríamos volver a trabajar.

Pero después de que la terminamos muy rara vez vi a mis hijos en ella. La verdad era que *tener* la casa no era lo que los motivaba realmente, sino su *construcción* y la manera en la que se sentían respecto a su propia contribución, que a ellos les parecía satisfactoria. Yo había pensado que la meta era lo importante, pero resultó ser la aventura.

Es difícil sobreestimar el poder de estos motivadores, el sentimiento de logro y aprendizaje, de ser un jugador importante en un equipo que está alcanzando algo significativo. Tiemblo al solo pensar en que estuve a punto de comprar un equipo con el que hubiera podido armar la casa yo mismo.

Si encuentras un empleo que ames...

La teoría de la motivación —junto con la descripción de los papeles que el incentivo y los factores higiénicos desempeñarán— me ha proporcionado un mejor entendimiento de cómo las personas se vuelven exitosas y felices en sus carreras. Antes creía que si te preocupabas por otras personas debías estudiar sociología o algo parecido. Pero cuando comparé lo que imaginé que ocurría en la casa de Diana después de diferentes días en nuestro laboratorio, llegué a la conclusión de que si deseas ayudar a otras personas, conviértete en *gerente*. Si se desempeña correctamente, la administración se encuentra entre las profesiones más nobles. Estás en una posición en la que tienes ocho o diez horas cada día de cada persona que trabaja contigo. Tienes la oportunidad de enmarcar el trabajo de cada quien de manera que, al final de cada día, tus empleados se vayan a casa como Diana se sintió en su día bueno: que estaba viviendo una vida llena de motivadores. Me di cuenta de que si la teoría de la motivación se aplica en mí, entonces tengo que estar seguro de que aquellos que trabajan para mí también tengan motivadores.

El segundo aspecto que comprendí fue que la búsqueda de dinero puede, en el mejor de los casos, mitigar las frustraciones en tu carrera, a pesar de que el canto de sirenas de la fortuna ha confundido y desorientado a algunos de los mejores de nuestra sociedad. Con el objeto de realmente encontrar la felicidad debes seguir buscando las oportunidades que tú creas que son importantes, en las cuales podrás aprender cosas nuevas, triunfar, y que se te asignen cada vez más responsabilidades. Hay un viejo refrán que dice: encuentra un trabajo que ames y nunca trabajarás un solo día de tu vida. Las personas que realmente aman lo que hacen y que piensan que sus trabajos son significativos, tienen una ventaja diferente cuando llegan al trabajo todos los días. Ponen su mejor esfuerzo en sus trabajos, lo que los hace muy buenos en lo que desarrollan.

Esto, a su vez, puede significar que les paguen mejor; las carreras que están llenas de motivadores por lo general se corresponden con recompensas financieras. Pero a veces lo contrario también es verdad: las recompensas financieras pueden estar presentes sin estos motivadores. En mi diagnóstico, es terriblemente fácil que perdamos el sentido de la diferencia entre lo que genera dinero y lo que proporciona felicidad. Debes tener mucho cuidado de no confundir la correlación con la causalidad al valorar la felicidad que podemos encontrar en diferentes trabajos.

Sin embargo, afortunadamente estos motivadores son estables en todas las profesiones y a lo largo del tiempo, y nos ofrecen un "verdadero norte" respecto al cual podemos ajustar las trayectorias de nuestras carreras. Siempre debemos recordar que más allá de cierto punto, los factores higiénicos como dinero, estatus, compensación y seguridad en el trabajo son mucho más un subproducto de ser feliz con un trabajo, que la causa del mismo. Entender esto nos libera para enfocarnos en las cosas que realmente importan.

Para muchos de nosotros, uno de los errores más fáciles de cometer es enfocarnos en tratar de satisfacer con creces las trampas materiales del éxito profesional, con la creencia errónea de que esas cosas nos harán felices. Mejores salarios. Un título más prestigioso. Una oficina más bonita. Después de todo, esto es lo que nuestros amigos y familia ven como señal de que la "hicimos" profesionalmente. Pero tan pronto te enfocas en los aspectos tangibles de tu trabajo, corres el riesgo de hacer lo que algunos de mis condiscípulos: perseguir un espejismo. El próximo aumento, piensas, será el que finalmente te hará feliz. Es una búsqueda sin esperanza.

La teoría de la motivación sugiere que necesitas hacerte una serie de preguntas diferentes de las que la mayoría

estamos acostumbrados a plantearnos. ¿Este empleo es im-
portante para mí? ¿Este trabajo me va a dar la oportunidad de
desarrollarme? ¿Aprenderé cosas nuevas? ¿Tendré la posibi-
lidad de alcanzar reconocimiento y realización?¿Se me darán
responsabilidades? Estas son las cosas que te motivarán ver-
daderamente. Una vez que lo entiendas correctamente, los as-
pectos medibles de tu trabajo perderán importancia.

CAPÍTULO TRES

El equilibrio entre cálculo y suerte

*Comprender lo que nos hace funcionar es
una etapa crítica en el camino de la realización. Pero representa solo la mitad de la
batalla. En realidad, tendrás que encontrar
una carrera que te motive y satisfaga los
factores higiénicos. Sin embargo, si fuera
tan fácil, ¿no lo habríamos hecho todos ya?
Rara vez es tan sencillo. Tienes que equilibrar la búsqueda de aspiraciones y objetivos con aprovechar las oportunidades
imprevistas. Manejar esta parte del proceso estratégico con frecuencia marca la diferencia entre el éxito y el fracaso para las
compañías, y esto también es cierto para
nuestras carreras.*

⮒

HONDA TOMA AMÉRICA... POR ACCIDENTE

Allá por la década de los sesenta del siglo pasado, la dirección de Honda decidió tratar de obtener una tajada del

mercado estadunidense de las motocicletas, que histórica-
mente había estado dominado por un pequeño número
de marcas como Harley-Davidson y algunas importaciones
europeas como Triumph. Planearon una estrategia mediante la cual, al fabricar motocicletas comparables a las que
hacían estos competidores y vendiéndolas a precios signifi-
cativamente menores (en esa época la mano de obra japo-
nesa era *muy* barata) debían poder escamotearle el 10 por
ciento del mercado de importación de motocicletas a los
europeos.

Esto casi destruye a Honda. En los primeros años vendió muy pocas motos —comparadas con Harley, las Honda
parecían motocicletas para pobres—. Peor aún, Honda
descubrió que sus motos tenían fugas de aceite cuando
eran sometidas a largos trayectos a las altas velocidades típicas de Estados Unidos. Esto representaba un problema
real; los distribuidores en Estados Unidos no tenían la capacidad para reparar esas fallas tan complicadas, y Honda
tuvo que invertir los pocos preciados recursos que tenía en
Estados Unidos para devolver las motocicletas defectuosas
por vía aérea a Japón para arreglarlas. A pesar de los problemas y de que estaba drenando a la división estadunidense de virtualmente todo su dinero, Honda persistió en
su estrategia.

Además de las grandes motocicletas, Honda inicialmente había enviado algunas de sus motos más pequeñas a Los
Ángeles, pero nadie esperaba realmente que los estadunidenses las compraran. Conocidas como Super Cubs, estas
motos se usaban en Japón principalmente para entregas a
tiendas ubicadas en calles estrechas abarrotadas de gente,
autos y bicicletas. Eran muy diferentes de las grandes motocicletas que los entusiastas estadunidenses valoraban. En la

medida en que los recursos de Honda en Los Ángeles se estrechaban cada vez más, la empresa empezó a permitir que sus empleados utilizaran las Super Cubs para hacer diligencias en la ciudad.

Un sábado, un miembro del equipo Honda llevó su Super Cub a las colinas al oeste de Los Ángeles para subir y bajar en el lodo. Realmente lo disfrutó. En las curvas y giros de esas colinas pudo desfogar, en primer lugar, todas las frustraciones de la fallida estrategia de la motocicleta grande que lo habían llevado a ese lugar.

El siguiente fin de semana invitó a sus colegas a que se le unieran. Al ver que los chicos de Honda se divertían tanto, algunas personas que estaban en las colinas ese día les preguntaron dónde podían adquirir una de esas "motocicletas para lodo". A pesar de que se les dijo que no se podían conseguir en Estados Unidos, uno tras otro convenció al equipo de Honda de pedirlas a Japón.

Poco después, un comprador de Sears vio a un empleado de Honda manejando una pequeña Super Cub y le preguntó si Sears podría venderlas por catálogo. Al equipo de Honda no le entusiasmaba la idea porque significaba distraerlos de su estrategia de vender motos más grandes, estrategia que por cierto aún no funcionaba. No obstante, poco a poco se dieron cuenta de que la venta de motos más pequeñas estaba manteniendo con vida el negocio de Honda en Estados Unidos.

Nadie hubiera imaginado que así sería el ingreso de Honda en el mercado estadunidense. Habían planeado solo competir con Harley. Pero estaba claro que había surgido una mejor oportunidad. Finalmente, el equipo directivo de Honda reconoció lo que había ocurrido y concluyó que debían adoptar las motocicletas pequeñas como su estrategia oficial. A un cuarto del precio de una gran Harley, las Super Cubs se vendieron no a los clientes clásicos de motocicletas, sino a un grupo enteramente nuevo de usuarios que fueron llamados "motoristas todoterreno".

El resto, como se dice, es historia. La casualidad de un empleado que desahogó su frustración en las colinas ese día creó un nuevo pasatiempo para millones de estadunidenses que no encajaban en el perfil del propietario de una motocicleta de ruta. Llevó a Honda a la enormemente exitosa estrategia de vender las motocicletas pequeñas en tiendas de equipos eléctricos y artículos deportivos, en lugar de a través de los distribuidores tradicionales.

La experiencia de Honda de crear un nuevo mercado de motocicletas en Estados Unidos pone de relieve el proceso mediante el cual se formula cada estrategia y posteriormente evoluciona. Como enseñó el profesor Henry Mintzberg, las alternativas para tu estrategia brotan de dos fuentes diferentes. La primera son las oportunidades anticipadas —las oportunidades que puedes ver y eliges adoptar—. En el caso de Honda, era el mercado de las motocicletas grandes en Estados Unidos. Cuando pones en marcha un plan enfocado en estas oportunidades anticipadas, estás persiguiendo una estrategia *deliberada*. La segunda fuente de posibilidades es imprevista —por lo general es un coctel de problemas y oportunidades que surge mientras estás tratando de implementar el plan o la estrategia deliberados por los que te has inclinado—. En Honda lo que no se anticipó fueron los problemas con las motocicletas grandes, los costos asociados con su reparación y la oportunidad de vender las pequeñas motos Super Cub.

Entonces, los problemas imprevistos y las oportunidades esencialmente luchan con la estrategia deliberada por la atención, el capital y los corazones de la gerencia y los empleados. La compañía debe decidir si se apega al plan original, lo modifica o incluso lo reemplaza por completo con alguna de las alternativas que surja. La decisión algunas veces es explícita; no obstante, con frecuencia una estrategia modificada confluye con una miríada de decisiones cotidianas para buscar oportunidades imprevistas y resolver problemas inesperados. Cuando la estrategia se construye de esta manera se conoce como estrategia *emergente*. Por ejemplo, los directores de la Honda con sede en Los Ángeles no tomaron la decisión explícita de cambiar la estrategia por completo para enfocarse en las Super Cubs más baratas en una larga reunión de todo un día. Al contrario, lentamente cayeron en la cuenta de que si dejaban de vender las motocicletas grandes frenarían la sangría de dinero que representaba cubrir el costo de la reparación de las fugas de aceite. Y en la medida en que los empleados ordenaban más motos Super Cub a Japón, el camino para el crecimiento rentable se hizo evidente.

Cuando los dirigentes de la compañía tomaron la decisión inequívoca de adoptar el nuevo rumbo, la estrategia emergente se convirtió en la nueva estrategia *deliberada*.

Pero no se acaba ahí. El proceso estratégico entonces se reafirma una y otra vez a través de estas medidas, evolucionando constantemente. En otras palabras, la estrategia no es un discreto evento analítico —algo que se decide, digamos, en una reunión de altos ejecutivos con base en los mejores números y análisis disponibles en el momento—. Más bien es un proceso continuo, diverso e incontrolable. Controlarlo es muy difícil —la estrategia deliberada y las nuevas oportunidades que emergen luchan por los recursos—. Por un lado, si tienes una estrategia que realmente está funcionando necesitas centrarte conscientemente para mantener a todos trabajando en la dirección correcta. Sin embargo, al mismo tiempo ese enfoque fácilmente puede hacer que descartes como una distracción lo que en realidad podría ser el siguiente gran paso.

Puede resultar complicado e incontrolable, pero este es el proceso mediante el cual casi todas las compañías han desarrollado una estrategia triunfadora. Walmart es otro gran ejemplo. Muchas personas consideran a Sam Walton, el legendario fundador de Walmart, un visionario. Creen que empezó su empresa con un plan para cambiar el mundo del comercio minorista. Pero eso no fue lo que sucedió en realidad.

Originalmente, Walton pensó construir su segunda tienda en Memphis, con la idea de que una ciudad grande podría sostener una tienda grande. Pero terminó optando por la ciudad más pequeña de Bentonville, Arkansas, por dos razones. Según la leyenda, su esposa le dejó claro que no se mudaría a Memphis. También reconoció que el tener una segunda tienda cerca de la primera le permitía compartir con mayor facilidad los envíos y las entregas y aprovechar otras ventajas logísticas. Eso definitivamente enseñó a Walton la brillante estrategia de abrir sus grandes tiendas solo en ciudades pequeñas, adelantándose de esa manera a la competencia.

Esa no había sido la forma en la que había imaginado su negocio al principio. Su estrategia afloró.

EQUILIBRAR LO EMERGENTE Y LO DELIBERADO

Siempre me ha impresionado cuántos de mis estudiantes y de otros jóvenes con los que he trabajado creen que se espera de ellos que hayan planeado sus carreras paso a paso por los siguientes cinco años. También, las personas exitosas, y las que aspiran a serlo, con frecuencia se presionan a sí mismas para hacer exactamente lo mismo. Ya en secundaria piensan que para ser exitosas deben tener una perspectiva concreta de qué es exactamente lo que quieren hacer de sus vidas. Por debajo de esta creencia se encuentra la suposición implícita de que deben arriesgarse a desviarse de dicha perspectiva solo si las cosas marchan horriblemente mal.

Pero tener un plan tan enfocado realmente *solo tiene sentido en ciertas circunstancias.*

Ya sea que estemos conscientes o no de ello, en nuestras vidas y en nuestras carreras constantemente recorremos un camino decidiendo entre nuestras estrategias deliberadas y las alternativas imprevistas que surgen. Cada planteamiento compite por nuestras mentes y nuestros corazones al tratar de convertirse en nuestra estrategia real. Ninguno es inherentemente bueno o malo; en cambio, cuál debes elegir depende de dónde te encuentres en el trayecto. Entender eso —que la estrategia se compone de estos dos elementos dispares, y que tus circunstancias determinan qué enfoque es mejor— te permitirá clasificar las elecciones que tu carrera constantemente te ofrecerá.

Si en tu carrera has encontrado una salida que te proporciona tanto los factores higiénicos requeridos como los motivadores, entonces un enfoque deliberado tiene sentido. Tus aspiraciones deben ser claras, y por tu experiencia actual sabes que vale la pena luchar por ellas. En vez de preocuparte por adaptarte a oportunidades inesperadas, tu marco mental se debe enfocar en la mejor manera de alcanzar las metas que estableciste deliberadamente.

Pero si no has llegado al punto de encontrar una carrera que haga esto por ti, al igual que una compañía que busca su camino, tienes que ser emergente. Esta es otra forma de decir que si estás en estas circunstancias, experimenta en la vida. En la medida en la que aprendas de cada experiencia, adáptala. Después, repítela rápidamente. Continúa con este proceso hasta que tu estrategia empiece a hacer clic.

Según avances en tu carrera empezarás a descubrir las áreas de trabajo que amas y en las que brillarás; con suerte encontrarás un campo en el que puedas maximizar los motivadores y satisfacer los factores higiénicos. Pero es muy raro el caso en el que estés sentado en una torre de marfil analizando el problema y la respuesta de pronto aparezca en tu cabeza. La estrategia casi siempre surge de una combinación de oportunidades deliberadas e imprevistas. Lo que importa es salir y probar cosas hasta que aprendas en dónde empiezan a dar sus frutos tus talentos, intereses y prioridades. Cuando descubras lo que realmente te funciona es tiempo de cambiar de una estrategia emergente a una deliberada.

Cuando el *Wall Street Journal* no respondió

Tal vez no tenía el lenguaje adecuado para describirlo en su momento, pero navegando entre oportunidades deliberadas y emergentes fue esencialmente como terminé siendo profesor, una profesión que amo. Me llevó años entenderlo. De hecho, he tenido tres carreras —ninguna de las cuales planeé—: primero como consultor, después como emprendedor y gerente, y ahora como académico. Cuando era estudiante de primer año en la facultad decidí que quería ser editor del *Wall Street Journal,* un periódico al que admiraba profundamente. Esa era mi estrategia deliberada. Uno de mis maestros me dijo que yo era un buen escritor, pero que en vez de especializarme en periodismo, tendría mayores posibilidades de distinguirme en una rama con miles de solicitantes de empleo si conocía el campo de la economía y los negocios. Entonces, estudié la licenciatura en economía en la Universidad Brigham Young [BYU por sus siglas en inglés] y en Oxford. Después cursé la maestría en administración [MBA por sus siglas en inglés] en Harvard.

Al final del primer año del programa de maestría solicité un trabajo de verano en el *Wall Street Journal*. Nunca tuve respuesta. Estaba destrozado, pero surgió un interinato en una empresa de consultoría. No era el *Wall Street Journal*, pero sabía que podía aprender mucho ayudando a los clientes a resolver problemas realmente interesantes, lo que esperaba que me hiciera aún más atractivo para el *Journal*. Entonces otra firma consultora ofreció pagarme el costo de mi segundo año de maestría si aceptaba trabajar con ellos una vez recibido. Estábamos en tan mala situación económica que decidí aceptar, pensando que podría seguir aprendiendo sobre negocios para después liberarme e iniciar mi carrera con el *Journal*. Esa era mi estrategia *emergente*.

Para desgracia de mi premeditado plan de ser editor del *Journal*, amé el trabajo de consultoría que estaba llevando a cabo. Pero después de cinco años, justo cuando Christine y yo decidíamos que era tiempo de empezar mi verdadera carrera como periodista, un amigo tocó a mi puerta y me pidió que iniciara una empresa con él. La perspectiva de emprender mi propio negocio enfrentando los problemas que había pasado cinco años resolviendo con mis clientes, realmente me entusiasmó. Sencillamente aproveché la oportunidad. Además, si les podía decir a los editores del

Journal que en verdad había fundado y dirigido una compañía, podría convertirme en una mejor elección para el camino de la edición.

La empresa salió al público a mediados de 1987, poco antes del lunes negro. Por una parte tuvimos suerte: pudimos reunir capital antes de que la bolsa de valores se cayera. Pero desde un punto de vista diferente, nuestro cronometraje fue terrible. Nuestras acciones cayeron de 10 a 2 dólares en un solo día. Nuestra capitalización bursátil fue tan baja que ninguna gran institución pondría su dinero en nuestra compañía. Habíamos previsto ser capaces de reunir otra ronda de inversión para financiar nuestros planes de crecimiento. Pero sin esa inversión nos volvimos vulnerables. Uno de nuestros inversionistas originales le vendió sus acciones a otro inversionista de capital de riesgo, y esta venta le otorgó a este último acciones suficientes como para hacerse cargo de nuestro futuro. Él quería a su propio director general en el puesto principal y fui despedido.

En ese tiempo yo no lo sabía, pero eso detonó la etapa tres de mi estrategia emergente.

Unos cuantos meses antes de que me despidieran había platicado con un par de profesores de la Escuela de Negocios de Harvard sobre otra posibilidad que había estado en el fondo de mi mente: ¿sería bueno como maestro? Ambos me respondieron que podría serlo. Así que me encontré en una encrucijada. ¿Era el momento en el que debía por fin continuar con mi estrategia deliberada original de convertirme en editor del *Wall Street Journal*? ¿O debía hacer la prueba en la academia? Hablé con otros dos profesores más sobre el tema, y en la tarde del domingo de la misma semana en la que había perdido mi trabajo, uno de ellos me llamó y me preguntó si podía verlo al día siguiente.

Me comunicó que, aun cuando el año académico ya había empezado, se la iban a jugar por mí y habían tomado la extremadamente insólita decisión de admitirme en su programa de doctorado en ese momento. Menos de una semana después de que me despidieran, a los 37 años era estudiante otra vez. Una vez más la estrategia emergente se anticipó a mi trayectoria deliberada.

En algún punto entre que terminé el doctorado y empecé a trabajar como maestro, me vi en la necesidad de obtener una plaza. En ese momento pensé en el hecho de que, aunque la academia había llegado a mi vida por una puerta emergente, en mi corazón y en mi mente necesitaba hacer de este nuevo rumbo mi estrategia deliberada. Comprendí que para triunfar en este campo debía enfocarme realmente en él. Y eso fue lo que hice.

Ahora, a los 59 años y después de una carrera de 20 años en la academia, a veces me pregunto si por fin llegó el momento de volverme editor del *Wall Street Journal*. La academia se convirtió en mi estrategia deliberada, y lo seguirá siendo en tanto continúe disfrutando de lo que estoy haciendo. Pero no he cerrado el flujo de problemas emergentes u oportunidades. Así como hace treinta años nunca imaginé que acabaría aquí, ¿quién sabe lo que puede estar a la vuelta de la esquina?

¿Qué tiene que resultar cierto para que esto funcione?

Claro, es muy fácil decir que hay que abrirse a las oportunidades cuando estas surgen. Es mucho más difícil saber qué estrategia debes adoptar en realidad. ¿La actual estrategia deliberada es el mejor camino a seguir, o es tiempo de adoptar una estrategia diferente que esté surgiendo? ¿Qué ocurre si se presentan diez oportunidades al mismo tiempo? ¿O si una de ellas requiere una inversión sustancial de tu parte solo para descubrir si será algo que vas a disfrutar realmente? Idealmente, no tienes que pasar por la escuela de medicina para descubrir que no quieres ser médico. Así que, ¿qué debes hacer para averiguar qué es lo que puede funcionar mejor para ti?

Existe una herramienta que puede ayudarte a analizar si tu estrategia deliberada o una estrategia emergente serán un planteamiento productivo. Te obliga a manifestar qué hipótesis deben comprobarse con objeto de que la estrategia tenga éxito. Los académicos que crearon este proceso, Ian MacMillan y Rita McGrath, lo llamaron "planeación impulsada por el descubrimiento", pero puede ser más fácil pensar en él como "¿Qué tiene que demostrar ser cierto para que esto funcione?".

A pesar de lo simple que suena, las empresas raras veces piensan en buscar nuevas oportunidades planteándose esta pregunta. En lugar de eso, con frecuencia desde el principio inclinan sin querer la suerte hacia el fracaso. Deciden continuar con una inversión con base en lo que las proyecciones iniciales sugieren que ocurrirá, pero después no comprueban en la realidad si esas proyecciones iniciales son correctas. Por tanto, de pronto se encuentran lejos de su meta, ajustando las proyecciones y las hipótesis para que se adapten a lo que está ocurriendo en realidad, en lugar de hacer y probar elecciones reflexivas antes de llegar demasiado lejos.

He aquí cómo el proceso erróneo funciona normalmente.

A un empleado o a un grupo de empleados se les ocurre una idea novedosa para un producto o un servicio nuevo; les entusiasma la idea y quieren que sus colegas también lo estén. Pero para convencer a los altos directivos del potencial de dicha idea, necesitan concebir un plan de negocios. Están perfectamente conscientes de que para que la dirección apruebe el proyecto más vale que las cifras luzcan bien, pero con frecuencia el equipo desconoce *en realidad* cómo van a responder los clientes ante la idea, cuáles serán los verdaderos costos, y así sucesivamente. Así que adivinan, es decir, hacen suposiciones. Con frecuencia a los planificadores se les devuelve al escritorio para que modifiquen sus suposiciones. Pero raras veces ello se debe a que se tenga información nueva; en cambio, los innovadores y los mandos medios en general saben cuán bien deben lucir los números con objeto de que la propuesta consiga financiación, por lo que con frecuencia necesitan dar marcha atrás y "mejorar" sus conjeturas para que la propuesta consiga el visto bueno.

Si llevan a cabo una labor suficientemente buena convenciendo a la gerencia de que están en lo correcto, consiguen la luz verde para continuar con su proyecto. Y es entonces cuando, una vez que el equipo empieza, sabe cuál de esos supuestos cocinados en el plan financiero es el correcto y cuál no lo es.

¿Ves el problema? Para cuando saben cuáles hipótesis eran correctas y cuáles estaban equivocadas es demasiado tarde para hacer algo al respecto. En casi todos los casos en los que un proyecto fracasa, los errores se cometieron en una o más de las suposiciones críticas sobre las que se basaron las proyecciones y la decisiones. Pero la empresa no se da cuenta de esto hasta que es demasiado tarde para intervenir en esas ideas y planes. Al proyecto ya se le han asignado dinero, tiempo y energía; la compañía está comprometida al cien por ciento y el equipo está ahora en el frente para hacerlo funcionar. Nadie desea regresar a la gerencia y decir: "¿Se acuerdan de las hipótesis que elaboramos? Pues resulta que no eran tan precisas después de todo". Los proyectos terminan siendo aprobados sobre la base de hipótesis incorrectas, en contraste con las que el proyecto tiene más probabilidades de funcionar realmente.

Por ejemplo, Disney había puesto en marcha unos pujantes parques temáticos en el sur de California, en Florida y en Tokio. Pero su cuarto emplazamiento, en las afueras de París, fue un desastre durante mucho tiempo. Perdieron cerca de un billón de dólares los primeros dos años. ¿Cómo fue posible que la compañía se equivocara de esa manera después de tres enormes éxitos?

Resulta que la planeación inicial para el sitio en París se basó en hipótesis sobre el número total de probables visitantes y cuánto tiempo se quedarían. Las proyecciones se apoyaron en la densidad poblacional en círculos concéntricos alrededor del proyectado parque, patrones climáticos, niveles de ingresos y otros factores; el plan proyectó once millones de visitantes al año. En los otros parques temáticos, el huésped promedio de Disney se quedó tres días. Así que el modelo multiplicó once millones de personas por tres días, proyectando treinta y tres millones de días de estancia cada año. Disney construyó hoteles e infraestructura para esa cifra.

Pues bien, resultó que Disney tuvo cerca de once millones de visitantes el primer año. Pero, en promedio, se quedaron solo un día, en contraposición a los tres días que se quedaron en otros parques.

¿Qué había ocurrido?

En los otros parques Disney había construido cuarenta y cinco juegos. Eso mantenía a las personas alegremente ocupadas durante tres días. Pero Disneyland París abrió sus puertas con solo quince juegos. Podías recorrerlo todo en un día.

Alguien al interior de la organización inconscientemente planteó que Disneyland París tuviera el mismo tamaño que los otros parques. Esta hipótesis después se integró a los números. Las personas que estaban hasta arriba no lo sabían, ni siquiera para preguntar: "¿Cuáles son las hipótesis más importantes que tienen para demostrar que estas proyecciones funcionarán, y cómo les daremos seguimiento?". Si lo hubieran hecho, tal vez muy pronto se hubieran dado cuenta de que nadie sabía si las personas se quedarían en el parque durante tres días si solo había quince juegos. En cambio, Disney tuvo que luchar para recuperarse de ese terrible inicio.

Existe una manera mucho mejor para imaginar qué va a funcionar y qué no. Supone reordenar los pasos normales que intervienen en la planeación de un proyecto nuevo.

Cuando surge una idea nueva y prometedora, por supuesto que se deben hacer proyecciones financieras. Pero en vez de pretender que estas son exactas, hay que reconocer que en ese punto son realmente preliminares. Puesto que todos saben que los números tienen que lucir bien para que la dirección dé luz verde a cualquier proyecto, no te prestas a la farsa de alentar implícitamente a los equipos para que manipulen los números para que se vean lo más sólidos posibles.

En cambio, pide a los integrantes del proyecto que hagan una lista de todas las hipótesis que han elaborado en esas proyecciones iniciales. Después pregúntales: "¿Cuál de estas hipótesis debe demostrar ser verdadera para que podamos esperar de manera realista que esos números se materialicen?". Las hipótesis de esa lista deben jerarquizarse por orden de importancia e incertidumbre. Al principio de la lista deben aparecer las hipótesis más importantes y menos certeras, en tanto que al final de la lista deben estar las que son menos importantes y más seguras.

Solo después de que entiendas la importancia relativa de todas las hipótesis básicas debes dar luz verde al equipo, pero no en la manera en la que la mayoría de las empresas tienden a hacerlo. En cambio, encuentra formas para, de manera rápida y con el menor gasto posible, comprobar la validez de las hipótesis más importantes.

Una vez que la compañía entiende que las hipótesis iniciales más importantes tienen probabilidades de ser verdaderas, puede tomar una mejor decisión respecto a invertir o no en ese proyecto.

La lógica para adoptar este enfoque es contundente. Por supuesto que todos quieren conseguir números maravillosos; entonces, ¿por qué pasar por la simulación de pedirles a los gerentes que continúen trabajando en ellos hasta que se vean bien? En cambio, el enfoque de "¿Qué hipótesis deben demostrar ser ciertas?" ofrece un camino sencillo para evitar que la estrategia se desvíe. Hace que los equipos se enfoquen en lo que realmente importa para que los números se materialicen. Si planteamos las preguntas adecuadas, las respuestas por lo general son fáciles de obtener.

Antes de que aceptes ese trabajo

Este tipo de planeación también te puede ayudar a considerar las oportunidades de trabajo. Todos deseamos ser exitosos y felices en nuestras carreras. Pero es muy fácil llegar demasiado lejos antes de caer en la cuenta de que las decisiones no están funcionando como esperabas. Esta herramienta te puede ayudar a evitar hacer justo eso.

Antes de aceptar un empleo, enumera cuidadosamente lo que otros tendrán que hacer u ofrecer para que puedas alcanzar exitosamente lo que *tú* esperas. Pregúntate: "¿Cuáles son las hipótesis que deben demostrar ser verdaderas para que yo pueda tener éxito en esta tarea?". Enuméralas. ¿Están dentro de tu control?

Igualmente importante es que te preguntes qué hipótesis tienen que demostrar ser verdaderas para que seas *feliz* en la opción que estás contemplando. ¿Estás basando tu posición en motivadores extrínsecos o intrínsecos? ¿Por qué piensas que vas a disfrutar haciendo eso? ¿Qué evidencia tienes? Cada vez que consideres un cambio de carrera, sigue pensando en las hipótesis más importantes que debes demostrar que sean ciertas, y de qué manera rápida y barata puedes comprobar si son válidas. Asegúrate de que estás siendo realista acerca del camino que se abre frente a ti.

La importancia de comprobar las hipótesis

En esa época me hubiera gustado tener los recursos para usar esta herramienta para ayudar a una estudiante a evitar un decepcionante primer empleo. Cuando la contrataron, las personas de la empresa de capital de riesgo donde terminó trabajando le dijeron que aspiraban a invertir 20 por ciento de sus recursos en iniciativas para el avance de países en vías de desarrollo. Eso era lo que mi estudiante esperaba escuchar. Antes de llegar a nuestra escuela trabajó durante algunos años con una organización humanitaria en Asia, y después de graduarse buscaba oportunidades incluso más grandes para desarrollar empresas en países emergentes. Parecía una alternativa perfecta y aceptó la oferta de empleo.

Pero, a pesar de las promesas, resultó que la empresa no tenía la voluntad o los recursos. Con cada nueva tarea mi alumna esperaba una inversión en un país subdesarrollado, la que nunca se materializó. Había regresado de Asia con la determinación de continuar trabajando con los países en desarrollo, pero sus tareas continuamente se enfocaban a Estados Unidos. Al final se llenó de resentimiento contra su empleador, al sentir que la empresa y sus dirigentes la habían engañado y cooptado su tiempo y sus aptitudes en el mejor momento de su vida. Finalmente renunció y tuvo que empezar de nuevo.

¿Cómo pudo haber aplicado la perspectiva de "¿Qué tiene que demostrar ser cierto?" al valorar este trabajo? Un buen punto de inicio pudo haber sido revisar las características de otras empresas que se habían introducido de manera exitosa en el mundo en desarrollo. Por ejemplo, empresas que tienen un compromiso profundo con los países en desarrollo en general tienen capital ligado a inversiones en ellos. Tienen socios que se dedican a la práctica. Sus inversores se sienten atraídos por la empresa en parte debido a su trabajo en el mundo en desarrollo. Tal vez debió haber optado por un interinato antes de comprometerse a un trabajo de tiempo completo.

Si mi estudiante hubiera enumerado y encontrado formas de comprobar esas hipótesis, probablemente hubiera reconocido que, a pesar de que la empresa había tenido la intención de invertir en economías en desarrollo, era muy poco probable que realmente lo hiciera. Del mismo modo, resultó que yo tuve mucha suerte cuando hice mi elección profesional después de la licenciatura. Nunca me detuve a analizar mis propias hipótesis. Ello hubiera sido una gran herramienta para ayudarme a reflexionar sobre la importancia de que en cualquier oportunidad que se me presentara—ya fuera la consultoría, la actividad empresarial o la academia— debía tener éxito y también disfrutarla.

En retrospectiva, pude hacer mi travesía mediante una combinación de estira y afloja en una estrategia deliberada y estar abierto a oportunidades imprevistas. Espero que tú también lo puedas hacer. Nunca afirmaré que mi trayectoria profesional fue brillante y perfecta. Aún puede haber oportunidades imprevistas allí afuera para mí, incluso a los 59 años. ¿Quién sabe? Tal vez el *Wall Street Journal* algún día me ofrezca ese puesto…

Con suerte saldrás al mundo entendiendo qué nos hace funcionar. Pero, a partir de mi propia experiencia, puede resultar difícil encontrar la carrera adecuada que haga eso para ti.

Lo que podemos aprender de cómo las compañías desarrollan sus estrategias es que, a pesar de que al principio es difícil hacerlo correctamente, el éxito no depende de eso. En cambio, depende de que experimentes continuamente hasta que encuentres un enfoque que funcione. Solo muy pocas empresas afortunadas empiezan con la estrategia que desemboca en el éxito.

Una vez que entiendas el concepto de estrategia emergente y deliberada, sabrás que si todavía tienes que encontrar algo que realmente funcione en tu carrera, esperar a tener una visión clara de adónde te llevará la vida es solo perder el tiempo. Peor aún, realmente puede cerrar tu mente a oportunidades inesperadas. Mientras estés imaginando tu carrera debes mantener tu vida abierta de par en par. Dependiendo de tus circunstancias particulares debes estar preparado para experimentar diferentes oportunidades, dispuesto a voltear y continuar ajustando tu estrategia hasta que encuentres qué es lo que satisface los factores higiénicos y qué te proporciona todos los motivadores. Solo entonces una estrategia deliberada tiene sentido. Cuando lo hagas correctamente lo sabrás.

Por más difícil que parezca tienes que ser honesto contigo mismo sobre todo el proceso. El cambio a veces puede ser difícil y probablemente parezca más fácil seguir con lo que estás haciendo. Este pensamiento puede ser peligroso. Solo estás dejando las cosas para después, y te arriesgas a, años más tarde, despertarte un día, verte en el espejo y preguntarte: "¿Qué estoy haciendo con mi vida?".

Capítulo cuatro

Tu estrategia no es
lo que dices que es

*Puedes decir todo lo que quieras respecto a que
tienes una estrategia para tu vida, que entiendes
qué son la motivación y equilibrar las aspiraciones con las oportunidades imprevistas. Pero en
última instancia nada de eso tiene sentido si no
lo ajustas adonde realmente inviertes tu tiempo,
dinero y energía.*

*En otras palabras, la manera en la que distri-
buyes tus recursos es donde las cosas se ponen a
prueba.*

*La estrategia real —en las empresas y en nues-
tras vidas— se crea a través de cientos de decisiones diarias acerca de cómo invertimos nuestros
recursos. Si estás viviendo al día, ¿cómo tienes
la seguridad de que vas en la dirección correcta?
Observa hacia dónde fluyen tus recursos. Si no
respaldan la estrategia por la que te has decidido,
entonces no estás aplicándola en absoluto.*

Equivocarse al medir el éxito

Hace más de una década se fundó en Seattle la empresa SonoSite para fabricar equipos portátiles de ultrasonido —pequeñas máquinas que tenían la capacidad de cambiar verdaderamente la atención médica—. Antes de la existencia de estas máquinas, lo más que los médicos de familia y los enfermeros podían hacer al llevar a cabo un examen, era escuchar y palpar los problemas por debajo de la piel. Como resultado, muchas enfermedades escapaban a la detección hasta que estaban más avanzadas. Durante más o menos veinte años, a pesar de que existía una tecnología que permitía a los especialistas observar el interior del cuerpo del paciente por medio de escáneres sobre carros móviles, tomografía computarizada o resonancia magnética, estos equipos eran grandes y muy caros. Sin embargo, las máquinas portátiles de ultrasonido de SonoSite eran de bajo costo y permitían a los médicos de atención primaria y los enfermeros examinar el interior del cuerpo de sus pacientes.

SonoSite tenía dos familias de productos portátiles. El producto principal, llamado Titán, era del tamaño de una laptop. El otro, llamado iLook, medía menos de la mitad del Titán y costaba un tercio de su precio. Ambas máquinas tenían un potencial enorme.

El iLook no era tan sofisticado como el Titán, ni tan rentable, pero sí mucho más portátil. El presidente y director general de la compañía, Kevin Goodwin, sabía que había un mercado promisorio para él —en las primera seis semanas después de su introducción al mercado, el iLook había generado miles de clientes potenciales—. Se hizo evidente que si SonoSite no lo vendía, era probable que alguien más desarrollara la misma tecnología compacta y barata y entorpeciera las ventas de las máquinas más caras, incluso del mismo SonoSite.

Impaciente por saber de primera mano cómo estaban respondiendo los clientes a este pequeño y nuevo producto, Goodwin pidió estar presente en una visita de uno de los mejores vendedores de la compañía.

Lo que ocurrió le enseñó a Goodwin una lección decisiva.

El vendedor se sentó con el cliente y procedió a vender el Titán —el ultrasonido tamaño laptop—. Ni siquiera sacó el iLook portátil de su bolsa. Después de quince minutos, Goodwin decidió intervenir.

"Háblales sobre el iLook", urgió Goodwin al vendedor. Pero fue ignorado por completo. El vendedor continuaba ensalzando las virtudes del Titán. Goodwin esperó unos momentos y volvió a insistir: "¡Saca la máquina de ultrasonido portátil de tu bolsa!". Una vez más, el vendedor lo ignoró por completo. Goodwin le pidió tres veces frente al cliente a uno de sus mejores vendedores que vendiera el iLook. Cada vez fue completamente ignorado.

¿Qué estaba ocurriendo? ¿El director de la compañía no podía convencer a su empleado de que hiciera lo que se le pedía?

El vendedor no estaba tratando de desafiar a Goodwin intencionadamente. En realidad, estaba haciendo exactamente lo que la empresa quería que hiciera: vender el producto que proporcionaba el mayor rendimiento.

Goodwin sabía que la innovación portátil tenía un enorme potencial a largo plazo para la compañía, tal vez aun más que el exitoso modelo laptop. El problema era que todos los vendedores estaban a comisión, y para ellos el éxito se basaba en el valor total de sus ventas y en los beneficios brutos. Era mucho más fácil para el mejor vendedor de Goodwin vender una máquina de ultrasonido tamaño laptop que cinco productos pequeños. En otras palabras, Goodwin pensó que estaba susurrando instrucciones claras al oído de su vendedor. Pero el sistema de remuneración le estaba gritando instrucciones opuestas en el otro oído.

LA PARADOJA DE LA ASIGNACIÓN DE RECURSOS

En SonoSite, como en casi todas las compañías, este conflicto no fue una equivocación inadvertida. Más bien, es una paradoja generalizada, un problema que en mi investigación he denominado el *dilema del innovador*. El estado de resultados de la compañía destacaba todos los costos en los que la empresa estaba incurriendo. También mostraba los ingresos que SonoSite necesitaba generar día tras día para cubrir dichos costos, lo que, dicho sea de paso, tenía que hacer si deseaba mejorar la calidad y el costo del cuidado de la salud de millones de personas. Los vendedores necesitarían vender cinco aparatos portátiles para generar las ganancias que un solo Titán proporcionaría. Y sus comisiones eran más altas cuando vendían el aparato más caro.

El tipo de problemas a los que se enfrentaban Kevin Goodwin y su fuerza de ventas son algunos de los más complicados de todos: aquellos en los que las cosas que tienen sentido no tienen sentido. Algunas veces estos problemas surgen entre departamentos en una compañía. En SonoSite, por ejemplo, lo que tenía sentido dentro de la perspectiva del director general no lo tenía en la del vendedor. Lo que tenía sentido para los ingenieros —que ensanchaban los límites del desempeño en sus siguientes productos, más allá del mejor de sus productos actuales, haciéndolos más sofisticados y competentes, sin considerar el gasto— era lo opuesto a la lógica de la estrategia de la empresa, que era hacer el iLook incluso más pequeño y accesible.

Sin embargo, a veces es aún más desconcertante cuando estos problemas surgen en la mente de la misma persona: cuando la decisión correcta en el largo plazo no tiene sentido en el corto plazo; cuando el cliente equivocado a quien se recurre es en realidad el cliente correcto a quien hay que recurrir, y cuando vender el producto más importante en realidad tiene muy poco sentido.

La decisión que describe el caso SonoSite introduce el último componente en el proceso de estrategia: la asignación de recursos. En el capítulo anterior introdujimos la idea de que decidimos entre planes deliberados y alternativas emergentes. En este capítulo profundizamos en este aspecto, ya que en el proceso de estrategia la asignación de recursos es donde las cosas se ponen a prueba. El proceso de asignación de recursos determina qué iniciativas deliberadas y emergentes consiguen financiación y se implementan, y a cuáles se les niegan recursos. Todo lo que se relaciona con la estrategia dentro de una empresa es solo *tentativo* hasta que llega a la etapa de la asignación de recursos. La perspectiva de una empresa, sus planes y oportunidades —y todos sus riesgos y problemas—, todos desean ser prioritarios y compiten entre sí para convertirse en la estrategia real que la empresa pone en práctica.

CUANDO LOS INDIVIDUOS PROVOCAN LOS PROBLEMAS

Algunas veces una empresa como SonoSite provoca que personal bien intencionado opte por una dirección equivocada cuando las medidas del éxito para los empleados son contrarias a aquellas que harán triunfar a la compañía. Una empresa también puede fallar cuando le da prioridad al corto plazo por sobre el largo plazo.

Pero a veces los individuos mismos son el origen del problema.

Apple Inc. nos enseña cómo las diferencias entre las prioridades individuales y las de la compañía pueden ser fatales. A lo largo de la mayor parte de la década de los noventa del siglo pasado, después de que Steve Jobs, su fundador, fuera expulsado, la habilidad de Apple para producir los estupendos productos por los que se había hecho célebre sencillamente se detuvo. Sin la disciplina de Jobs en la compañía empezaron a surgir las diferencias entre la pretendida estrategia de Apple y la real, y Apple empezó a tambalearse.

Por ejemplo, el intento de Apple de crear un sistema operativo de nueva generación para competir con Microsoft a mediados de la década de los noventa del siglo pasado —cuyo nombre en código era Copland—, patinó muchas veces. A pesar de que era una supuesta prioridad para la compañía, Apple no consiguió producirlo. La dirección seguía diciéndole a todos —la prensa, los empleados y los accionistas— lo importante que era. Pero en las líneas del frente la percepción de los altos directivos de lo que el mercado quería tenía poco sentido para la tropa. Parecía que los ingenieros estaban más interesados en soñar con nuevas ideas que en terminar lo que se había prometido para Copland. Sin Jobs los individuos podían dedicar su tiempo a ideas que los entusiasmaban, sin importar si estas correspondían a los objetivos de la empresa. Finalmente, Ellen Hancock, directora de tecnología en ese tiempo, desechó por completo Copland y recomendó que la compañía adquiriera algo más en su lugar.

Cuando Jobs regresó en 1997 como director general, de inmediato puso manos a la obra para arreglar el problema latente de asignación de recursos. Más que permitirles a todos enfocarse en su propia idea de las prioridades, Jobs devolvió a Apple a sus raíces: fabricar los mejores productos del mundo, cambiar la forma en la que las personas pensaban respecto a la incorporación de la tecnología en sus vidas, y ofrecer una fantástica experiencia al usuario. Todo lo que no se ajustara a eso se suprimió; a quienes no estuvieron de acuerdo se les gritó, humilló o despidió. Pronto todos empezaron a entender que si no distribuían sus recursos de una manera que fuera consistente con las prioridades de Apple se encontrarían en una situación difícil. Más que cualquier otra cosa, la profunda comprensión de las prioridades de Jobs es la razón por la que Apple ha sido capaz de cumplir con lo que ofrece, y en gran parte es responsable de que la empresa recuperara su posición entre las más exitosas del mundo.

Los peligros de equivocarse en los plazos

Pero los individuos están lejos de ser la única causa de este problema. De hecho, si se estudian las razones fundamentales de los desastres en los negocios, cada vez más se encontrará una predisposición hacia proyectos que ofrecen una gratificación inmediata, sobre otros que resultan en un éxito a largo plazo. Muchos sistemas de toma de decisiones de las empresas están diseñados para dirigir las inversiones a iniciativas que ofrecen rendimientos tangibles e inmediatos, por lo que las empresas con frecuencia los prefieren y escatiman las inversiones en iniciativas que son cruciales para sus estrategias a largo plazo.

Para ilustrar lo generalizada que es la disyuntiva entre el corto y largo plazos, examinemos una empresa frecuentemente emulada, Unilever, una de las proveedoras más grandes de productos alimenticios, de cuidado personal y lavandería y limpieza. Con el propósito de crecer, Unilever ha invertido miles de millones de dólares para crear innovaciones revolucionarias que producirán negocios nuevos para la corporación. Sin embargo, en términos beisboleros, en lugar de nuevos productos de "jonrón", año tras año sus innovadores a menudo producen toques y hits. ¿Por qué?

Después de estudiar estos esfuerzos por casi una década, llegué a la conclusión de que la razón es que Unilever (y muchas corporaciones como ella) involuntariamente *enseñan* a sus mejores empleados a solo batear toques y hits sencillos. Cada año, sus altos ejecutivos identifican a los líderes de la nueva generación (líderes de alto potencial o "LAP") de entre sus operaciones en todo el mundo. Para entrenar a estos cuadros para que como altos ejecutivos sean capaces de moverse alrededor del mundo de una tarea a otra con desenvoltura, alternan a estos LAP en labores de dieciocho meses a dos años en cada grupo funcional —finanzas, operaciones, ventas, recursos humanos, mercadotecnia, etcétera— en un muestreo de productos y mercados.

Cuando terminan cada misión, la calidad del trabajo que han realizado por lo general determina la importancia del nuevo encargo que reciben. Los LAP que encadenan una serie de encomiendas exitosas se "ganan" la mejor misión siguiente y tienen bastantes probabilidades de convertirse en los próximos altos ejecutivos.

Piensa en esto desde la perspectiva de los empleados jóvenes, los que se entusiasmaron con la perspectiva de ser elegidos para este programa de desarrollo. ¿Cuáles son los programas que más probablemente ambicionen en cada una de sus encomiendas? En teoría, deberían promover productos y procesos que serían claves para el éxito futuro de Unilever cinco o diez años más tarde. Pero el resultado de esos esfuerzos, que son palpables muchos años después, decorará el récord de quienquiera que tenga esa tarea específica en ese momento, y no la persona cuya visión la inició. Si, en cambio, los LAP se enfocan en producir resultados que saben que pueden ser palpables y medirse en veinticuatro meses —aun cuando ese método no sea el mejor enfoque—, saben también que las personas que están a cargo del programa podrán valorar su contribución a un proyecto terminado. En la medida en que tienen algo que mostrar por sus esfuerzos saben que pueden tener la oportunidad de una tarea incluso mejor. El sistema recompensa a los futuros altos directivos por estar decididamente enfocados en el corto plazo, socavando inadvertidamente las metas de la compañía.

Los incentivos mal alineados son generalizados. Por ejemplo, Estados Unidos no puede modificar su seguridad social, Medicare, y otras prestaciones, a pesar del hecho de que todo el mundo está de acuerdo en que dichos programas están llevando al país a la bancarrota. ¿Por qué? Los miembros de la Cámara de Representantes optan por la reelección cada dos años. Dichos representantes, con razón o sin ella, están convencidos de que si hay que salvar a Estados Unidos, ellos personalmente necesitan ser reelegidos con objeto de guiar dicho esfuerzo.

Es ampliamente conocido cómo resolver estos problemas. Pero ningún miembro de la Cámara se sacará de la manga estas soluciones para "venderlas" a sus clientes, los electores. La razón es que hay tantas personas que se benefician de las prestaciones que votarían en contra de cualquiera que se sacara la solución de la manga. A pesar del hecho de que los políticos veteranos (que están jubilados y no necesitan presentarse a la reelección) se sienten al lado de los representantes, y una y otra vez apremian a los representantes actuales a sacarse la solución de la manga, los funcionarios electos sencillamente no lo pueden hacer. Alguien debe organizar una conferencia en Maui en la que los vendedores de SonoSite, los LAP de Unilever y los miembros del Congreso se puedan compadecer mutuamente del estira y afloja entre las que se les dice que son sus prioridades y lo que en realidad se les alienta a hacer.

No es un juego fácil de ganar.

LA ASIGNACIÓN DE RECURSOS ENTRE TUS "NEGOCIOS"

En palabras de Andy Grove: "Para comprender la estrategia de una compañía, observa lo que realmente hace en lugar de lo que dice que va a hacer". La asignación de recursos funciona de manera muy parecida en nuestras vidas y carreras. Gloria Steinem enmarcó la estrategia de su mundo de la misma manera como lo hizo Andy Grove para el suyo: "Podemos explicar nuestros valores mirando nuestras chequeras" . La disyuntiva de qué máquina sacar de la bolsa de un vendedor es muy parecida a la que todos enfrentamos casi al final de un día de trabajo: ¿le dedico otra media hora para hacer algo extra, o me voy a casa a jugar con mis hijos?

He aquí una manera de enmarcar las inversiones que hacemos en la estrategia en la que se convierten nuestras vidas: tenemos recursos —que incluyen tiempo personal, energía, talento y riqueza— que estamos empleando para intentar desarrollar varios "negocios" en nuestras vidas personales. Estos incluyen tener una relación gratifican-te con nuestros cónyuges o parejas, criar hijos estupendos, triunfar en nuestras carreras, aportar a nuestra iglesia o a nuestra comunidad, y así sucesivamente. No obstante, por desgracia nuestros recursos son limitados y estos aspectos compiten por ellos. Ese es exactamente el mismo problema que tiene una corporación. ¿De qué manera asignar recursos a cada uno de sus objetivos?

A no ser que lo manejes de manera consciente, tu proceso personal de asignación de recursos decidirá inversiones por ti de acuerdo con criterios "preestablecidos", que en esencia están conectados con tu cerebro y tu corazón. Como ocurre con las empresas, tus recursos no se deciden y despliegan en una sola junta o cuando revisas tu agenda para la semana siguiente. Es un proceso continuo, y en tu cerebro tienes un filtro para escoger a lo que se debe dar prioridad.

Pero es un proceso complicado. Las personas ocupan tu tiempo y tu energía cada día, e incluso si estás enfocado en lo que es importante para ti, sigue siendo difícil saber cuáles son las opciones correctas. Si cuentas con un gramo extra de energía, o treinta minutos libres, habrá muchas personas que te presionen por invertirlos mejor aquí que allá. Al haber tantas personas y proyectos que desean tu tiempo y atención, puedes tener la sensación de que no estás a cargo de tu propio destino. A veces eso es bueno: surgen oportunidades que nunca previste. Pero otras veces esas oportunidades te pueden llevar lejos de tu rumbo, como les ocurrió a muchos de mis condiscípulos.

El peligro para las personas de alto rendimiento es que de manera inconsciente asignan sus recursos a actividades que arrojan éxitos inmediatos y tangibles. Eso a menudo está en sus carreras, ya que ese aspecto de su vida proporciona la evidencia más concreta de que están avanzando. Envían un producto, terminan un diseño, ayudan a un paciente, cierran una venta, dan una clase, ganan un caso, publican un ensayo, cobran, reciben una promoción. Salen de la universidad y se les hace fácil dirigir su valiosa energía a la construcción de una carrera. Con frecuencia los estudiantes de mi clase son así, dejan la universidad con un profundo impulso de demostrar su educación.

En realidad, la manera en la que asignas tus propios recursos puede hacer que tu vida termine siendo exactamente como esperas o muy diferente de lo que pretendes.

Respecto a aquellos de mis compañeros que de manera inadvertida invirtieron en vidas de profunda infelicidad, no puedo dejar de creer que sus problemas surgieron de su incorrecta asignación de recursos. Tenían buenas intenciones; deseaban velar por sus familias y ofrecer a sus hijos las mejores oportunidades de la vida. Pero de alguna manera invirtieron sus recursos en caminos y desviaciones que terminaron en callejones sin salida que nunca imaginaron.

Le dieron prioridad a cosas que les ofrecieron beneficios inmediatos —tales como promociones, aumentos o bonos— en vez de a las cosas que requieren de un trabajo de largo plazo, las cosas de las que no ves un rendimiento en décadas, como educar bien a tus hijos. Y cuando esos rendimientos inmediatos llegaron los emplearon para financiar una forma de vida de altos vuelos para ellos y sus familias: mejores autos, casas y vacaciones. El problema es que las exigencias del estilo de vida pueden bloquear muy rápido el proceso personal de asignación de recursos. "No puedo dedicarle menos tiempo a mi trabajo porque no conseguiré ese ascenso, y necesito ese ascenso para…".

Al intentar construir una vida personal satisfactoria a lo largo de su vida profesional y tomar decisiones con el propósito de ofrecerle a su familia una vida mejor, sin darse cuenta hicieron a una lado a su esposa e hijos. Invertir tiempo y energía en estas relaciones no les ofrece una sensación de logro inmediata como lo hace una carrera por la vía rápida. Puedes descuidar la relación con tu cónyuge y en el día a día puede no parecer que las cosas se están deteriorando. Tu cónyuge está ahí cuando llegas a casa cada noche. Y los niños encuentran nuevas maneras de portarse mal todo el tiempo. Realmente no es sino después de veinte años cuando puedes colocar tus manos en las caderas y decir: "Criamos unos chicos estupendos".

De hecho, con frecuencia observas el mismo sombrío patrón cuando analizas las vidas de muchas personas ambiciosas. A pesar de que crean que su familia es sumamente importante para ellas, en realidad asignan cada vez menos recursos a las cosas que dirían que importan más.

Muy pocas personas se proponen hacer esto. Las decisiones que provocan que eso ocurra con frecuencia parecen estratégicas, solo pequeñas decisiones que piensan que no tendrán gran impacto. Pero en la medida en la que continúan asignando recursos de esta manera —y a pesar de que con frecuencia no se dan cuenta de ello— están aplicando una estrategia completamente diferente de la que se proponen.

Una estrategia —ya sea en las empresas o en la vida— se establece mediante cientos de decisiones diarias respecto a cómo emplear tu tiempo, energía y dinero. En cada momento de tu vida, con cada decisión sobre cómo invertir tu energía y tu dinero estás manifestando lo que realmente te importa. Puedes decir todo lo que quieras sobre tener un propósito y una estrategia claros para tu vida, pero en última instancia no significan nada si no estás invirtiendo los recursos que tienes de una forma que sea consistente con tu estrategia. A fin de cuentas, una estrategia no son más que buenas intenciones, a menos de que se adopte de manera efectiva.

¿Cómo te aseguras de que estás aplicando la estrategia que verdaderamente quieres implementar? Observa adónde fluyen tus recursos —el proceso de asignación de recursos—. Si no están respaldando la estrategia por la que te decidiste corres el riesgo de enfrentar un serio problema. Puedes creer que eres una persona caritativa, pero ¿con qué frecuencia realmente das tu tiempo o dinero a una causa o a una organización que te importe? Si tu familia es lo que más te preocupa, cuando piensas en todas las decisiones que has tomado respecto a tu tiempo en una semana, ¿tu familia está a la cabeza de ellas? Porque si las decisiones que has tomado sobre dónde invertir tu sangre, sudor y lágrimas no son consistentes con la persona a la que aspiras ser, nunca te convertirás en esa persona.

SECCIÓN II

Encontrando la felicidad en tus relaciones

Los momentos más felices de mi vida han sido los pocos que he pasado en casa en el seno de mi familia.

Thomas Jefferson

Hasta ahora nos hemos enfocado en cómo utilizar el proceso estratégico para alcanzar la realización en tu carrera. Empecé examinando lo que realmente nos motiva a todos, las prioridades que nos conducirán a experimentar felicidad en lo que hacemos en el trabajo. Después te mostré cómo equilibrar un plan deliberado para encontrar una carrera que te ofrezca esas motivaciones, junto con las oportunidades inesperadas que siempre surgen a lo largo del camino. Y por último, hablamos sobre asignar nuestros recursos en una forma que sea consistente con todos estos conceptos. Lleva a cabo correctamente las tres partes del proceso de estrategia y estarás en el camino de una carrera que amarás verdaderamente.

Muchos de nosotros estamos conectados con una gran necesidad de éxito, y tu carrera va a ser el camino más inmediato para alcanzarlo. En nuestro proceso de asignación de recursos sería increíble intentar invertir cada hora extra de nuestro tiempo, o cada gramo de energía, en cualquier actividad que produzca la evidencia más contundente e inmediata de que hemos logrado algo. Nuestras carreras proporcionan dicha evidencia en abundancia.

Pero hay más vida además de tu carrera. La persona que eres en el trabajo y la cantidad de tiempo que pasas en él impactará a la persona que eres fuera del trabajo con tu familia y tus amigos. En mi experiencia, los grandes triunfadores se enfocan mucho en convertirse en la persona que quieren ser en el trabajo, y muy poco en la persona que quieren ser en el hogar. Invertir tu tiempo y energía en criar hijos maravillosos o en profundizar en el amor a tu cónyuge, con frecuencia no arroja una evidencia clara de éxito durante muchos años. Esto nos conduce a invertir más en nuestras carreras y menos en nuestras familias, despojando a una de las partes más importantes de nuestra vida de los recursos que necesita para florecer.

Cada vez debe hacerse más evidente que las respuestas a las tres preguntas están profundamente conectadas. Haz el intento: es muy difícil aislar diferentes partes de tu vida. Las prioridades de tu carrera —los motivadores que te harán feliz en el trabajo— son sencillamente una parte de un conjunto más amplio de prioridades en tu vida, que incluyen a tu familia, tus amigos, tu fe, tu salud, y así sucesivamente. Igualmente, la manera en la que equilibras tus planes con oportunidades imprevistas y asignas tus recursos —tu tiempo y energía— no se detiene cuando sales de la oficina. Cada momento de tu vida estás tomando decisiones sobre ellos. Te sentirás constantemente presionado, tanto en casa como en el trabajo, para darles a las personas y a los proyectos tu atención. ¿Cómo decides quién obtiene qué? ¿El que haga más ruido? ¿El primero que se tope contigo? Debes asegurarte de que asignes tus recursos de una manera que sea consistente con tus prioridades. Debes asegurarte de que tus propias medidas del éxito estén en consonancia con tu inquietud más importante. Y debes asegurarte de que estés pensando sobre todo esto en el plazo correcto, sobreponiéndote a la tendencia natural de enfocarse en el corto plazo en detrimento del largo plazo.

Casi nunca es fácil. Incluso cuando sepas cuáles son tus verdaderas prioridades tendrás que luchar para conservarlas en tu mente cada día. Por ejemplo, como muchos de ustedes, sospecho, yo me siento naturalmente inclinado hacia los problemas interesantes y los retos. Puedo perderme en un problema durante horas; resolverlo me proporcionará un "diez" de corto plazo. Podría quedarme hasta tarde en la oficina devanándome los sesos, o que un colega me detenga en el pasillo para sostener una conversación interesante, o contestar el teléfono para aceptar trabajar en algo completamente nuevo y sentirme genuinamente emocionado con la perspectiva.

Pero sé que invertir mi tiempo de esa manera no es consistente con mis prioridades. Me he tenido que obligar a permanecer alineado con lo que más me importa estableciendo topes, barreras y límites en mi vida —como salir de la oficina a las seis de la tarde todos los días para que aún haya luz para jugar a la pelota con mi hijo, o llevar a mi hija a su clase de ballet—, para mantenerme fiel a lo que más valoro. Si no hiciera eso, sé que me vería tentado a medir mi éxito de ese día por haber resuelto un problema en lugar de dedicarle tiempo a mi familia. Tengo que ser claro conmigo mismo respecto a que la recompensa a largo plazo de invertir mis recursos en la esfera familiar será mucho más profunda. El trabajo te puede proporcionar un sentido de realización que palidece en comparación con la felicidad duradera que puedes encontrar en las relaciones íntimas que cultives con tu familia y tus amigos cercanos.

En los siguientes capítulos exploraremos más al respecto. Pero hay un tema que merece un contexto particular. Cada vez que tratas con otros seres humanos, no siempre es posible controlar cómo se desarrollan las cosas, y en ningún otro caso esto es más cierto que con los niños. Aun cuando estés armado con una gran cantidad de amor y buenas intenciones, es un mundo complicado: los niños tienen un acceso inaudito a ideas de todas partes —sus amigos, los medios, internet—. El padre más decidido encontrará casi imposible controlar todas estas influencias. Por si fuera poco, cada niño está constituido de manera diferente. Muy raras veces tenemos hijos que sean exactamente como nosotros —o entre sí—, algo que con frecuencia resulta una sorpresa para los nuevos padres. No siempre nuestros hijos se interesan por las mismas cosas que nosotros, y no siempre se comportan como lo habríamos hecho nosotros.

Por tanto, no hay nadie que te pueda ofrecer un enfoque estándar. El agua caliente que suaviza una zanahoria endurece un huevo. Como padre intentarás muchas cosas con tu hijo que sencillamente no funcionarán. Cuando esto ocurre puede ser muy fácil considerarlo un fracaso. No lo hagas. En cualquier caso es lo opuesto. Si haces el recuento de nuestra discusión sobre las estrategias emergente y deliberada —el equilibrio entre tus planes y las oportunidades imprevistas—, entonces sabrás que equivocarse no significa que se haya fracasado. En cambio, acabas de aprender qué no funciona. Ahora sabes cómo intentar alguna otra cosa.

También sobra decir que hay algunas herramientas de las que disponen las empresas que sencillamente no podemos emplear en nuestras vidas personales. Por ejemplo, las organizaciones tienen la posibilidad de contratar y despedir empleados para configurar la empresa que desean. No puedes usar a tus hijos para que encajen en una empresa. No puedes escoger cómo vienen configurados. Y por más que lo desees algunas veces, no los puedes despedir. (Afortunadamente, ellos tampoco te pueden correr).

Sin embargo, lo que te ofrezco en los siguientes capítulos puede ayudar porque muchos de los problemas que encontramos en el lugar de trabajo son con frecuencia en esencia de la misma naturaleza que los problemas con que nos topamos en casa. Si deseas ser un buen cónyuge, un buen padre y amigo, entonces las siguientes teorías te darán una buena oportunidad de crear el tipo de familia al que aspiras y la clase de amistades que duran toda una vida. Pero nada te puede asegurar resultados perfectos. Lo que te puedo prometer es que las cosas no saldrán bien si no te comprometes a intentarlo.

Las relaciones íntimas, amorosas y duraderas con nuestra familia y amigos cercanos son una fuente de profunda alegría en nuestras vidas. Y vale la pena luchar por ellas. En esta sección exploraremos cómo puedes nutrir estas relaciones —e igual de importante aún, cómo evitar dañarlas— mientras continúas el trayecto de tu vida.

Capítulo cinco

El tic-tac del reloj

*Las relaciones que tienes con tu familia y amigos
íntimos van a ser las fuentes más importantes
de felicidad en tu vida. Pero debes tener cuidado. Cuando parece que todo está bien en casa te
puedes dejar engañar al creer que puedes colocar
tus inversiones en estas relaciones en un segundo plano. Ese sería un enorme error. Para cuando surgen problemas serios en esas relaciones
con frecuencia es demasiado tarde para repara-
los. Esto quiere decir, casi paradójicamente, que
el momento en el que es más importante invertir en construir familias fuertes y amistades estrechas es cuando parece, en la superficie, que no
es necesario.*

Un fracaso espectacularmente grande

Pocas empresas han lanzado un producto con más fanfarrias que Iridium Satellite Network: teléfonos celulares que

95

permitirían a las personas hablar literalmente desde cualquier parte del planeta accediendo a una compleja red celestial de satélites. El vicepresidente Al Gore ayudó al lanzamiento de Iridium al realizar la primer llamada al nieto de Alexander Graham Bell. Iridium fue financiado en gran medida por Motorola, una de las empresas de microelectrónica y telecomunicaciones más prestigiosa del mundo.

Los directivos de empresas y los analistas de Wall Street por igual confiadamente proyectaron que Iridium revolucionaría las comunicaciones móviles y atraería a millones de usuarios. El equipo de Iridium había realizado una amplia investigación para evaluar el mercado, y ahí estaba. Había desafiado los pronósticos y se las había arreglado para convencer a los gobiernos del mundo de asignar frecuencias a las señales que requerían los satélites.

Los teléfonos celulares tradicionales conectaban a los usuarios por medio de torres que retransmitían la señal de una a otra. Algo en lo que no se podía confiar siempre; si no había una torre en una ubicación importante que pudiera transmitir la llamada, el sistema la interrumpía. En contraste, Iridium enviaría cada llamada a un satélite, el que la devolvería a la tierra hacia el destinatario. Si el consumidor se encontraba en el otro lado del mundo, el satélite enviaría la señal a otro satélite que estaría situado para enviar la llamada al destinatario. Eso significaba que podías telefonear a cualquiera en casi cualquier parte de la tierra.

¿Y a qué hija no le gustaría poder llamar a su padre en Baltimore cuando acaba de coronar exitosamente el monte Everest?

Iridium había tenido acceso a expertos de clase mundial y había superado obstáculos aparentemente infranqueables. Pero en su estrategia había algunos errores fundamentales.

El simple hecho de haber realizado el ejercicio de "¿Qué hipótesis deben ser confirmadas?", con objeto de que su modelo financiero funcionara, hubiera sacado a la luz tres cuestiones. Una de ellas era que los consumidores debían sentirse cómodos al llevar un teléfono en el portafolios y no en una bolsa, ya que pesaba casi medio kilo. A causa de esto necesitaba una gran batería para impulsar su señal hasta un satélite y no hacia una torre local. Un supuesto adicional que se debía comprobar era que, si bien la señal desde la cumbre del Everest al satélite más cercano probablemente era clara, Papá tenía que estar fuera de Baltimore para recibir la llamada de su hija, ya que no podía haber un techo que creara interferencia entre Papá y el satélite, y así sucesivamente.

Pero después de una inversión de seis billones de dólares y a menos de un año de que se hiciera la primera llamada, la compañía se vio obligada a admitir su fracaso y declararse en bancarrota. Iridium no se levantó de la quiebra durante una década y los inversionistas perdieron hasta la camisa. Después de abrirse camino a través del Capítulo 11,[1] Iridium fue rematada a un nuevo grupo de inversionistas por 25 millones de dólares, un precio de liquidación.

¿Por qué los ejecutivos de Motorola y sus inversionistas inyectaron tanto capital en un proyecto tan arriesgado? La teoría llamada "dinero bueno y dinero malo" ofrece una respuesta.

Una teoría sobre capital bueno y malo

En un nivel básico hay dos objetivos que tienen los inversionistas cuando ponen su dinero en una empresa:

[1] El capítulo 11 de la Ley de Quiebras permite a las empresas estadunidenses con problemas financieros declararse en quiebra bajo la protección de la ley. (N. de la T.).

crecimiento y rentabilidad. Ninguno de los dos es sencillo. En su obra *Origin and Evolution of New Business* [Origen y evolución de nuevos negocios], el profesor Amar Bhide demostró que 93 por ciento de las compañías que finalmente tienen éxito deben desechar su estrategia original, ya que el plan mostró no ser factible. En otras palabras, las empresas exitosas no triunfan porque desde el principio posean la estrategia adecuada, sino más bien porque tienen dinero extra después de que la estrategia original fracasa, de manera que pueden impulsar e intentar otro enfoque. En contraste, la mayor parte de las que fracasan invierten todo su dinero en su estrategia original, que por lo general está equivocada.

La teoría del dinero bueno y el dinero malo en esencia caracteriza el trabajo de Bhide como una sencilla afirmación. Cuando la estrategia ganadora no está clara en las etapas iniciales de una nueva empresa, el dinero bueno de los inversores debe ser *paciente* para crecer, pero *impaciente* para obtener beneficios. Exige que una compañía nueva imagine lo más rápido posible, y con la menor inversión, una estrategia viable, de manera que los inversionistas no gasten mucho dinero en la búsqueda de la estrategia equivocada. Puesto que 93 por ciento de las empresas que terminaron siendo exitosas tuvieron que modificar su estrategia inicial, cualquier capital que exige que la compañía inicial crezca muy rápido siempre conducirá el negocio hacia el despeñadero. Una empresa grande quemará el dinero mucho más rápido, y una organización grande es mucho más difícil de cambiar que una más pequeña. Motorola aprendió esta lección con Iridium.

Es por eso que el capital que busca crecimiento antes que ganancias es capital malo.

Pero la razón por la que ambos tipos de capital aparecen en el nombre de la teoría es que, una vez que se encontró una estrategia viable, los inversionistas necesitan cambiar lo que buscan —deben ser *impacientes* ante el crecimiento y *pacientes* para las utilidades—. Una vez que se ha descubierto un camino rentable y viable, el éxito ahora depende de ampliar ese modelo.

PLANTAR RETOÑOS CUANDO DECIDES QUE NECESITAS SOMBRA

Algunos de los infractores más frecuentes en regirse por esta doctrina son los grandes inversionistas y los negocios exitosos que buscan invertir en nuevas empresas en crecimiento. La manera en la que esto ocurre es por medio de un sencillo y predecible proceso de tres pasos, tal como lo exponen Matthew Olson y Derek van Bever en *Stall Points* [Puntos de pérdida].

El primer paso consiste en que, como la probabilidad de que el plan inicial no sea viable es tan alta, el inversionista necesita invertir en la siguiente ola de crecimiento, aun cuando el negocio original sea fuerte y esté en crecimiento, para otorgar a la nueva iniciativa el tiempo para encontrar una estrategia viable. A pesar de esto, el dueño del capital pospone la inversión porque en ese momento parece innecesaria, en vista de la fortaleza del negocio principal y su incesante apetito por más inversiones de capital y ancho de banda ejecutivo. Mañana ocúpate de mañana.

Y en el siguiente paso el mañana llega. El negocio principal original ha madurado y deja de crecer. El dueño del capital de pronto se da cuenta de que debía haber invertido varios años antes en la siguiente etapa de crecimiento del negocio, de manera que cuando el negocio principal se frenara, la siguiente máquina de crecimiento ya estuviera asumiendo el control del crecimiento y la ganancia. En vez de eso el motor simplemente no está ahí.

En tercer lugar, el dueño del capital exige que cualquier negocio en el que invierta debe crecer mucho muy rápido. Para un negocio que genera 40 millones de dólares de negocios, crecer a una tasa anual de 25 por ciento requiere lograr 10 millones de nuevo crecimiento el siguiente año. Pero si la empresa se ha convertido en un negocio de 40 *billones* y desea continuar creciendo al 25 por ciento el año siguiente, debe encontrar 10 *billones* de nuevos negocios. Los riesgos —y la presión— se vuelven enormes. Para acelerarlo aún más, los accionistas derraman mucho capital en estas iniciativas. Pero también con frecuencia este abundante capital instiga a los empresarios, permitiéndoles seguir imprudentemente y de manera agresiva la estrategia equivocada. Mientras estos nuevos negocios marchan a toda velocidad sobre el precipicio, los analistas construyen historias únicas sobre por qué cada uno falló.

Esta teoría explica cómo y por qué Honda finalmente tuvo éxito en su ofensiva contra la industria estadunidense de la motocicleta, mientras que Motorola fracasó con Iridium. Irónicamente, Honda triunfó porque la compañía estaba tan constreñida financieramente en sus inicios, que se vio obligada a esperar pacientemente el crecimiento mientras planeaba su modelo de ganancias. Si Honda hubiera tenido más recursos para destinarlos a sus operaciones en Estados Unidos, cabía la posibilidad de que habría invertido más dinero en continuar su búsqueda de la estrategia de la motocicleta grande, a pesar de que era poco probable que fuera rentable. Como inversión, hubiera sido *dinero malo*. En cambio, a Honda prácticamente no le quedaba otra alternativa que enfocarse en la Super Cub por-que *necesitaba* el dinero que la motocicleta pequeña gene-raba para sobrevivir. Esa fue en gran parte la razón de que Honda terminara haciéndolo muy bien en Estados Unidos: su inversión se vio forzada a ajustarse a la teoría.

La alternativa a este planteamiento es enfocarse en lo opuesto: invertir para ver un negocio crecer mucho y muy rápido, y más adelante imaginar cómo hacerlo rentable. Esto fue lo que Motorola hizo con Iridium. La historia está plagada de compañías fallidas que trataron de tomar su ca-mino; es casi siempre un atajo poco efectivo hacia el éxito.

Debido al mecanismo causal que se describe en la teo-ría del dinero bueno y el dinero malo, para gran parte de las empresas llegará el día de ajuste de cuentas, un día en el que el principal negocio de la empresa tropiece o deje de crecer y se necesiten nuevas fuentes de ingresos, y se nece-siten rápido. Si una empresa ha ignorado invertir en nuevos negocios hasta que llega a requerir esas fuentes de ingre-sos y ganancias, ya es demasiado tarde. Es como plantar re-toños cuando has decidido que necesitas más sombra. Es sencillamente imposible que esos árboles crezcan lo sufi-ciente para dar sombra de la noche a la mañana. Se requie-re años de paciente cuidado para tener alguna posibilidad de que los árboles crezcan lo suficiente para proporcionarla.

INVIRTIENDO EN LA FELICIDAD FUTURA

También puede ser muy fácil caer en un enfoque de dinero malo en nuestras vidas. Muchos de nosotros prosperamos en la intensidad de un trabajo demandante, en el que cree-mos y disfrutamos. Nos gusta demostrar lo que podemos hacer bajo presión. Nuestros proyectos, nuestros clientes y nuestros colegas nos ponen a prueba. Nos invertimos a nosotros mismos en nuestros trabajos. Pero con objeto de lograr todo esto, empezamos a pensar que nuestros empleos requieren de toda nuestra atención, y eso es exactamente lo que les damos. Llamamos a nuestros trabajos durante nuestras vacaciones desde lugares remotos. En realidad, nunca tomamos todas las vacaciones que nos corresponden; sencillamente hay mucho que hacer. El trabajo se convierte en cómo nos identificamos. Llevamos nuestros celulares a todas partes y los revisamos constantemente, como si no estar conectados todo el tiempo significara que nos vamos a perder de algo realmente importante. Esperamos que las personas que nos rodean acepten que nuestro horario es demasiado demandante como para concederles mucho tiempo. Después de todo ellas quieren que tengamos éxito, ¿no es así? De pronto empezamos a no responder correos y llamadas de nuestros amigos y familiares; a olvidar cumpleaños y otras celebraciones que solían ser importantes para nosotros.

Desgraciadamente, las mismas consecuencias que los negocios enfrentan cuando fracasan en invertir para el futuro también se aplican a nosotros.

Mientras que la mayoría poseemos una estrategia deliberada para establecer relaciones amorosas y profundas con los miembros de nuestra familia y nuestros amigos, en la práctica invertimos en una estrategia para nuestras vidas a la que nunca habíamos aspirado: tener una amistad superficial con muchos, pero una amistad profunda con nadie; divorciarnos, a veces varias veces, y tener hijos que se sienten alejados de nosotros dentro de sus propios hogares, o que son criados por padrastros o madrastras a veces a miles de kilómetros de distancia.

Y no podemos regresar el reloj.

Uno de mis vecinos, a quien llamaré Steve, hace años me dijo que siempre había deseado poseer y dirigir su propio negocio. Había tenido muchas oportunidades de aprender de otros en su profesión —con una compensación muy atractiva también—, pero nunca había abandonado su sueño de ser su propio jefe. Eso representaba largas horas en el trabajo para aprender de sus relativamente sencillos errores para construir su propio negocio. Sus amigos y su familia lo entendían; después de todo, Steve no solo lo hacía porque era importante para él. Lo hacía para proveer a su familia.

Sin embargo, lo exiguo de la inversión de tiempo de Steve en su familia acabó pasándole factura. Justo cuando su compañía estaba por fin despegando, su matrimonio se vino abajo. Cuando necesitó el apoyo de sus parientes y amigos mientras navegaba por el dolor del divorcio se encontró totalmente solo. Buscó los rendimientos de una inversión que no había hecho. Nadie lo abandonó intencionadamente en sus momentos de necesidad; era solo que él los había descuidado durante tanto tiempo que ya no se sentían cerca de él y se preocupaban de que cualquier injerencia pudiera considerarse una intrusión.

Steve se cambió de su casa a un pequeño departamento al otro lado de la ciudad. Trató de arreglarlo para cuando sus dos hijos y dos hijas fueran de visita. A pesar de que siempre dejó esos asuntos en manos de su esposa cuando estaban casados, se esforzó para inventar nuevas cosas para hacer que sus momentos juntos fueran divertidos. Pero estaba librando una batalla difícil. Para cuando sus hijos estaban en secundaria, la idea de pasar cada dos semanas con Steve no les parecía atractiva. Tenían que dejar a sus amigos y su casa para irse con su papá a su espartano departamento, solo para salir a comer, trabajar en el negocio con él o tal vez ver una película. Pronto perdió su encanto. Justo cuando Steve sentía que necesitaba pasar tiempo con sus hijos, ellos empezaron a evitar las visitas a su papá cada vez que podían.

Ahora mira en retrospectiva esos años y desea haber tenido prioridades diferentes e invertido en esas relaciones antes de que necesitara ver sus frutos.

Steve difícilmente es un caso aislado. Todos conocemos personas como él, y pienso que en algún nivel muchos de nosotros tememos convertirnos en esa persona en nuestros últimos años. Hay una razón por la que la película *It's a Wonderful Life*[2] ha tenido tanta repercusión durante décadas: lo que más importa en las oscuras horas de la vida de George Bailey son todas las relaciones personales en las que ha invertido a lo largo del camino. Al final de la película él reconoce que a pesar de que es pobre, su vida es rica en amistades. Todos queremos sentirnos como George Bailey, pero es sencillamente imposible si no hemos invertido en esas relaciones con los amigos y la familia a lo largo de nuestras vidas.

Cada uno de nosotros podemos señalar una o dos amistades que hemos desatendido cuando nuestra vida estuvo ocupada. Podrías esperar que los lazos de amistad sean lo suficientemente fuertes como para resistir ese abandono, pero rara vez ese es el caso. Incluso los amigos más comprometidos tratarán de mantener el rumbo, pero solo hasta que elijan invertir su tiempo, energía y amistad en algún otro lugar. Si lo hacen, la pérdida será tuya.

Muchas personas que están en los últimos años de su vida con frecuencia se lamentan de no haber mantenido

---

[2] Filmada en 1946, en México se exhibió bajo el título de *¡Qué bello es vivir!* (N. de la T.).

el contacto con amigos y parientes que alguna vez les importaron profundamente. Pareció que la vida solo se interpuso. Sin embargo, las consecuencias de permitir que esto suceda pueden ser enormes. He conocido muchas personas como Steve que han tenido que recorrer solas el camino de la lucha por la salud, un divorcio o la pérdida de trabajo, sin nadie que les ofrezca una caja de resonancia u otros medios de apoyo.

Ese puede ser el lugar más solitario del mundo.

El riesgo de secuenciar las inversiones vitales

Una de las versiones más comunes de este error que los jóvenes profesionistas con gran potencial cometen, es creer que las inversiones en la vida pueden secuenciarse. Por ejemplo: "Puedo invertir en mi carrera durante los primeros años, cuando nuestros hijos son pequeños y la crianza no es tan crítica. Cuando los niños sean un poco más grandes y se empiecen a interesar en las cosas en las que se interesan los adultos, entonces puedo quitar el pie del acelerador de mi carrera. En ese momento será cuando me enfoque en mi familia". Adivina qué. Para entonces, el juego casi habrá terminado. La inversión debió hacerse mucho antes para proporcionarle al niño las herramientas que necesita para sobrevivir a los desafíos de la vida, incluso mucho antes de que pudieras darte cuenta.

Cada vez surge más investigación que demuestra lo importantes que son los primeros meses de vida para el desarrollo de la capacidad intelectual. Tal como relatamos en nuestro libro *Disrupting Class* [Interrumpiendo la clase], dos investigadores, Todd Risley y Betty Hart, estudiaron los efectos de la manera en la que los padres le hablan a un niño durante sus primeros dos años y medio de vida. Después de observar y registrar meticulosamente todas las interacciones entre padres e hijo, advirtieron que, en promedio, los padres pronuncian 1500 palabras por hora a sus hijos pequeños. Los padres "comunicativos" (con frecuencia con educación superior), pronunciaron 2100 palabras en promedio. En cambio, los padres con contextos menos verbales (y con frecuencia con menor educación) emitieron en promedio solo 600 palabras por hora. A lo anterior hay que añadir que durante los primeros treinta meses el hijo de los padres "comunicativos" escuchó aproximadamente 48 millones de palabras, en comparación con los niños menos favorecidos, que solo escucharon 13 millones. La investigación sugiere que la época más importante para que los niños pequeños escuchen palabras es el primer año de su vida.

Risley y Hart continuaron observando a los niños que estudiaron a medida que estos avanzaban en la escuela. El número de palabras que se le dice a un niño tiene una fuerte correlación entre el número de palabras que escuchó en sus primeros treinta meses y su desempeño en pruebas de vocabulario y comprensión de lectura cuando crecen.

Y sin importar qué tipo de palabras se le dicen al niño, la forma en que los padres le hablan tiene un efecto importante. Los investigadores observaron dos tipos diferentes de conversación entre padres e infantes. A uno lo llamaron "lenguaje de negocios", como "Es tiempo de una siesta", "Daremos un paseo" y "Termina tu leche". Tales conversaciones no eran ricas ni complejas, sino simples y directas. Risley y Hart concluyeron que este tipo de conversación tenía un efecto limitado en el desarrollo cognitivo.

En contraste, cuando los padres entablaban conversaciones cara a cara con el niño, hablándole con un lenguaje sofisticado y completamente adulto, como si pudiera tomar parte en una conversación de adultos, el impacto en el desarrollo cognitivo era enorme. A estas interacciones más enriquecedoras las llamaron "bailando con el lenguaje". Bailar con el lenguaje es ser parlanchín, pensar en voz alta y hablar sobre lo que el niño está haciendo y sobre lo que el padre o la madre está haciendo o planeando hacer. "¿Quieres ponerte hoy la camisa azul o la roja?". "¿Crees que llueva hoy?". "¿Te acuerdas cuando metí por error tu botella en el horno?", y así sucesivamente. Bailar con el lenguaje implica hablarle al niño sobre "¿qué tal si?", "¿te acuerdas?", "¿no sería sensacional si?", preguntas que lo invitan a reflexionar ampliamente acerca de lo que está ocurriendo a su alrededor. Y tiene un efecto profundo mucho antes de que un padre espere que su hijo en realidad entienda lo que se le está preguntando.

En resumen, cuando un padre o una madre entablan una conversación extra, muchos circuitos sinápticos del cerebro del niño se ejercitan y afinan. Las sinapsis son las uniones en el cerebro donde se transmite una señal de una célula nerviosa a otra. En palabras sencillas, entre mayor es el número de circuitos que se crean entre sinapsis en el cerebro, las conexiones serán más eficientes. Eso hace que los patrones posteriores de pensamiento sean más fáciles y rápidos.

Esto es importante. Un niño que ha escuchado 48 millones de palabras en los primeros tres años tendrá 3.7 veces más de conexiones bien lubricadas en su cerebro que un niño que ha escuchado solo 13 millones de palabras. El efecto en las células cerebrales es exponencial. Cada célula cerebral puede estar conectada con cientos de otras células en casi diez mil sinapsis. Eso significa que los niños que son expuestos a una conversación extra tienen una ventaja cognitiva casi incalculable.

Más aún: la investigación de Risley y Hart sugiere que "bailando con el lenguaje" es la llave para acceder a esta ventaja cognitiva, más que el ingreso, el origen étnico o la educación de los padres. "En otras palabras —resumieron Risley y Hart—, algunos trabajadores pobres hablaban mucho a sus niños y estos iban muy bien. Algunas personas prósperas del mundo de los negocios les hablaban poco y los niños iban muy mal [...]. Todas las variaciones en los resultados se abordaron por la cantidad de conversación de la familia con los bebés menores de tres años". Un niño que entra a la escuela con un vocabulario y habilidades cognitivas sólidos es muy posible que tenga un buen desempeño más pronto y continúe así durante un plazo más largo.

Es inconcebible pensar que esa minúscula inversión tenga el potencial de ese enorme rendimiento. No obstante, muchos padres piensan que deben empezar a ocuparse del desempeño académico del niño cuando falla en la escuela. Pero para entonces se han perdido de una enorme ventana de oportunidad para darle al niño una ventaja.

Esta es solo una de las muchas maneras en la que la inversión en las relaciones con los amigos y la familia debe hacerse mucho, mucho antes de que veas cualquier señal de que está dando frutos.

Si difieres invertir tu tiempo y energía hasta que veas que necesitas hacerlo, es muy probable que ya sea muy tarde. Pero mientras estés despegando tu carrera te verás tentado a hacer exactamente eso: suponer que puedes posponer la inversión en tus relaciones personales. No puedes hacerlo. La única manera en la que esas relaciones darán fruto en tu vida es invirtiendo mucho antes de que las necesites.

Creo genuinamente que las relaciones con la familia y los amigos cercanos son una gran fuente de felicidad en la vida. Suena simple, pero como con cualquier inversión, estas relaciones requieren de constante atención y cuidado. Pero existen dos fuerzas que continuamente estarán trabajando para que eso no ocurra. Primero, periódicamente te verás tentado a invertir tus recursos en cualquier otra parte, en cosas que te proporcionan una recompensa más inmediata. Y segundo, tu familia y amigos rara vez gritan suficientemente fuerte para demandar tu atención. Te aman y también quieren apoyar tu carrera. Eso se puede añadir a descuidar a las personas a las que más quieres en la vida. La teoría del dinero bueno, dinero malo, explica que el reloj para construir una relación plena está corriendo desde el principio. Si no nutres y desarrollas esas relaciones, no estarán para apoyarte cuando atravieses alguna de las etapas más difíciles de la vida, o como una de las fuentes de felicidad más importante de tu vida.

CAPÍTULO SEIS

¿Para qué trabajo contrataste a esa malteada?

Muchos productos fallan porque las compañías los desarrollan desde una perspectiva errada. Las empresas se enfocan mucho en lo que quieren vender a sus clientes más que en lo que los clientes realmente necesitan. Lo que está faltando es empatía: un profundo entendimiento de qué problemas están tratando de solucionar los clientes. Lo mismo ocurre en nuestras relaciones: nos aventuramos en ellas pensando más en lo que nosotros deseamos que en lo que es importante para la otra persona. Cambiar tu perspectiva es una manera poderosa de profundizar tus relaciones.

HACIENDO BIEN EL TRABAJO

Casi todos han escuchado hablar de las tiendas de muebles IKEA. Han sido increíblemente exitosas: durante los últimos cuarenta años la empresa sueca ha desplegado sus tiendas en todo el mundo y tiene ingresos globales que superan los 25 billones de euros. El propietario de la compañía, Ingvar Kamprad, es una de las personas más ricas. Nada mal para una cadena que vende muebles baratos que uno mismo tiene que armar.

Es fascinante que en cuarenta años *nadie* ha copiado a IKEA. Piensa en eso durante un segundo. He aquí un negocio que ha sido inmensamente rentable durante décadas. IKEA no tiene grandes secretos de negocios, cualquier competidor potencial puede entrar a sus tiendas, desmontar sus productos, o copiar su catálogo…, y sin embargo nadie lo ha hecho.

¿Por qué?

El modelo de negocios de IKEA —la experiencia de compra, la disposición de la tienda, el diseño de los productos y la manera en la que están empacados— es muy diferente de la mueblería estándar. La mayoría de los minoristas están organizados alrededor de un grupo de clientes o un tipo de producto. De esa manera, la base de clientes puede dividirse en grupos demográficos, tales como edad, género, educación o ingresos. En el comercio minorista de muebles durante muchos años ha habido tiendas como Levitz Furniture, que es conocida por vender muebles de bajo costo a personas de bajos recursos. O Ethan Allen, que se hizo de renombre al vender muebles estilo colonial a personas acomodadas. Y hay una multitud de ejemplos: tiendas que venden muebles modernos para habitantes de las ciudades, tiendas que se especializan en muebles para oficina, etcétera.

IKEA ha adoptado un enfoque completamente diferente. Más que organizarse en torno a la caracterización de clientes o productos particulares, IKEA se estructura alrededor de un trabajo que los clientes periódicamente necesitan que se haga.

¿Un trabajo?

En mi investigación sobre innovación durante las dos últimas décadas, mis colegas y yo hemos desarrollado una teoría sobre este enfoque de mercadotecnia y desarrollo de productos que llamamos "el trabajo que hay que hacer". La visión que está detrás de esta forma de pensamiento es que lo que *provoca* que adquiramos un producto o un servicio es que en realidad contratamos productos para que trabajen para nosotros.

¿Qué quiero decir con esto? No vamos por la vida ajustándonos a segmentos demográficos particulares: nadie compra un producto porque sea un hombre blanco de entre dieciocho a treinta años con título universitario. Eso puede estar *correlacionado* con una decisión de comprar ese producto en lugar de otro, pero no *hace* que compremos nada. En cambio, periódicamente nos encontramos con que un trabajo que necesitamos hacer se aparece en nuestras vidas, y después encontramos alguna forma de hacerlo. Si una empresa ha desarrollado un producto o un servicio para hacer bien el trabajo, lo compramos o lo "alquilamos" para hacer el trabajo. Sin embargo, si no existe un producto que haga bien el trabajo, normalmente hacemos algo que ya hemos hecho, hacerlo lo mejor que podemos, o desarrollar una solución. El mecanismo que *causa* que compremos un producto es "Tengo un trabajo que necesito hacer y esto me va a ayudar a hacerlo".

Mi hijo Michael recientemente contrató a IKEA para hacer un trabajo que surgió en su vida, que me permitió entender por qué la empresa es tan exitosa. Estaba empezando en un trabajo nuevo en una ciudad nueva, después de haber vivido durante varios años con el presupuesto de un estudiante, y me llamó con un problema:

—Papá, me cambio a mi departamento mañana y necesito amueblarlo.

En ese momento un nombre surgió en nuestras mentes simultáneamente: IKEA.

IKEA no se especializa en vender un tipo especial de muebles a cualquier grupo demográficamente definido en particular. Más bien se enfoca en un trabajo al que muchos consumidores se enfrentan con frecuencia cuando se establecen con sus familias en un nuevo entorno: *Tengo que amueblar este lugar para mañana, porque al día siguiente me tengo que presentar al trabajo.* Sus competidores pueden copiar los productos de IKEA. Sus competidores incluso pueden copiar el diseño de IKEA. Pero lo que nadie ha podido copiar es la manera en la que IKEA ha integrados sus productos y su diseño.

Esta inteligente combinación les permite a los compradores hacer todo rápidamente. Parecería contradictorio que las tiendas estén a media hora de distancia, pero en realidad esta decisión hace que sea más fácil para las personas conseguir todo lo que necesitan en un solo viaje. Le permite a IKEA construir tiendas más grandes que aseguren que siempre haya existencias de sus muebles. Tiene el espacio para construir un área de juegos supervisada para mantener a los niños ocupados, lo que es importante, porque tener a un niño jalándote de la manga puede hacer que olvides algo o que tomes una decisión precipitada. En el caso de que te dé hambre, IKEA tiene un restaurante en el edificio para que no tengas que salir. Todos sus productos están empacados de manera que te los puedas llevar a casa fácilmente en tu propio auto. Si llegas a comprar tanto que no cabe en tu coche, IKEA tiene un sistema de entrega el mismo día. Y así sucesivamente.

De hecho, como IKEA hace el trabajo tan bien, muchos de sus clientes han desarrollado una intensa lealtad hacia sus productos. Mi hijo Michael, por ejemplo, es uno de los clientes más entusiastas de IKEA porque cada vez que tiene que amueblar un nuevo departamento o una habitación, ya sabe que IKEA hace el trabajo perfectamente. Cada vez que amigos o familiares tienen que hacer el mismo trabajo, Michael repite con lujo de detalles por qué IKEA realiza el trabajo mejor que nadie.

Cuando una empresa entiende los trabajos que surgen en las vidas de las personas y después desarrolla productos y la consiguiente experiencia que se requiere para comprar y utilizar el producto para que desempeñe el trabajo perfectamente, hace que los clientes instintivamente "atraigan" el producto a sus vidas cada vez que surge el trabajo. Pero cuando una compañía simplemente hace un producto que otras empresas también pueden hacer —y es un producto que puede hacer muchos trabajos, pero ninguno de ellos bien—, verá que los clientes rara vez son leales a un producto respecto a otro. Cambiarán en un suspiro cuando una alternativa salga a la venta.

¿MÁS BARATA? ¿DE CHOCOLATE? ¿MÁS ESPESA?

La teoría del trabajo-por-hacer empieza a aglutinarse en un proyecto que trabajé con algunos amigos para uno de los grandes restaurantes de comida rápida. La compañía quería incrementar las ventas de sus malteadas. La empresa había dedicado meses a estudiar el asunto. Habían llevado clientes que se ajustaban al perfil del consumidor prototípico de malteadas y los habían acribillado a preguntas como: "¿Nos puede decir cómo podemos mejorar nuestras malteadas para que compre más? ¿Que sea más barata? ¿Más espesa?". La compañía recolectó toda esa información y después mejoró las malteadas bajo esos parámetros. Trabajaron mucho para mejorar la malteada, pero dichas mejoras no se vieron reflejadas ni en las ventas ni en las ganancias. La empresa estaba perpleja.

Entonces mi colega Bob Moesta planteó una perspectiva totalmente diferente del problema de la malteada. "¿Me pregunto qué trabajo se presenta en las vidas de las personas que hace que vengan a este restaurante a 'contratar' una malteada?".

Fue una manera interesante de reflexionar sobre el problema. Así que pasaron horas y horas en el restaurante tomando datos cuidadosamente: ¿a qué hora las personas compraban las malteadas? ¿Qué llevaban puesto? ¿Estaban solas? ¿Compraban otros platillos con ella? ¿La tomaban en el restaurante o se salían con ella?

De manera sorprendente resultó que casi la mitad de las malteadas se vendía temprano por la mañana. Las personas que las adquirían casi siempre estaban solas; era lo único que compraban, y casi la mayor parte se fue en el auto con ella.

Para averiguar qué trabajo estaban contratando para que lo hiciera la malteada, regresamos otra mañana y nos paramos afuera del restaurante para poder preguntarle a esas personas al salir con la malteada en la mano. Según iban saliendo les preguntábamos, con un lenguaje que pudieran entender: "Disculpe, ¿me puede ayudar a entender qué trabajo está tratando de hacer con esa malteada?". Cuando tenían problemas para responder, los ayudábamos diciéndoles: "Mire, piense en la última vez que estuvo en esta misma situación, necesitando hacer el mismo trabajo, pero no vino aquí a contratar esa malteada. ¿Qué contrató?". Las respuestas fueron esclarecedoras: plátanos, donas, *bagels*, caramelos. Pero la malteada era sin duda su favorita.

Cuando juntamos todas las respuestas quedó en claro que todos los clientes tempraneros tenían que hacer el mismo trabajo: un largo y aburrido trayecto al trabajo. Necesitaban hacer algo mientras manejaban para que el trayecto fuera interesante. Aún no estaban realmente hambrientos, pero sabían que en un par de horas se enfrentarían a un rugir de tripas de media mañana. "¿Qué otra cosa alquilo para este trabajo?", musitó uno. "A veces alquilo plátanos, pero créanme, no lo hagan. Desaparecen muy rápido y a media mañana estarás hambriento otra vez". Algunas personas se quejaron de que las donas se desmoronaban y les dejaban los dedos pegajosos y ensuciaban su ropa y el volante al tratar de comer y manejar. Una queja común respecto a alquilar *bagels* para ese trabajo fue que son secos y sin sabor y obligan a las personas a manejar con las rodillas mientras esparcen queso y jamón en los *bagels*. Otro trabajador empleó nuestro lenguaje y confesó: "Una vez alquilé un Snickers. Pero me sentí tan culpable de comer dulce como desayuno que nunca más lo volví a hacer".

¿Pero una malteada? Era lo mejor de todo. Se necesitaba un buen rato para terminar una espesa malteada con un delgado popote. Y era suficientemente sustanciosa para prevenir el amenazante ataque de hambre de media mañana. Otro trabajador fue más efusivo: "Esta malteada es tan espesa que fácilmente me tardo veinte minutos en terminármela con el pequeño popote. No me importa qué ingredientes tenga. Solo sé que estoy satisfecho toda la mañana. Y entra perfectamente bien en mi portavasos".

Resulta que la malteada desempeña el trabajo mejor que cualquiera de sus competidores, los que en la mente de los consumidores no solo son malteadas de otras cadenas sino plátanos, *bagels,* donas, barras de cereales, *smoothies,* café, etcétera.

Esto fue una perspectiva innovadora para la cadena de comida rápida, pero las revelaciones no acaban ahí. Descubrimos que por las tardes y noches el mismo producto se alquilaba para un trabajo radicalmente diferente. En vez de trabajadores, las personas que iban a comprar malteadas en la tarde y noche eran generalmente padres que habían tenido que decirles a sus hijos "no" respecto a cualquier cantidad de cosas durante toda la semana. No a un juguete nuevo. No, no pueden acostarse tarde. No, no pueden tener un cachorrito.

Tuve que reconocer que yo había sido uno de esos padres más veces de las que podía recordar, y tuve que hacer ese mismo trabajo cuando estuve en esa situación. He estado buscando algo inocuo a lo que pueda decir "sí" para hacerme sentir un padre amable y amoroso. Así que me encuentro haciendo fila con mi hijo y ordeno mi comida. Luego mi hijo Spence ordena la suya, y se detiene y me voltea a ver como solo un hijo puede hacerlo y me pregunta:

—Papá, ¿puedo pedir también una malteada?

Y ha llegado el momento en el que puedo decirle "sí" a mi hijo y sentirme bien conmigo mismo. Me inclino, pongo mi mano en su hombro y le digo:

—Por supuesto, Spence, puedes pedir una malteada.

Pero resulta que las malteadas no desempeñaron ese trabajo en particular tan bien. Cuando observamos esas mesas en las que están padres e hijos, los padres como yo terminan su comida primero. El hijo la termina después. Y entonces toma su espesa malteada y se tarda toda la vida succionándola a lo largo del delgado popote.

Los papás no alquilan las malteadas para que su hijo se mantenga entretenido durante mucho tiempo; las alquilan para ser agradables. Pacientemente esperan mientras su hijo lucha por hacer progresos con la malteada. Pero después de un rato empiezan a impacientarse.

—Mira, hijo, lo siento, pero no tenemos toda la noche…

Limpian su mesa y la malteada es desechada a la mitad.

Si nuestra cadena de comida rápida me preguntara: "Bien, Clay… ¿de qué manera podemos mejorar las malteadas para que compren más? ¿Qué sean más espesas? ¿Más dulces? ¿Más grandes?", no sabría qué responder, porque yo la alquilo fundamentalmente para dos trabajos diferentes. Después, cuando hayan promediado las respuestas del segmento demográfico clave de entre cuarenta y cinco y sesenta y cinco años que tiene la propensión más alta a comprar malteadas, los llevará a desarrollar un producto de una medida que no satisfaga a todos y que tampoco hará alguno de los dos trabajos bien.

Por otro lado, si entiendes que hay dos trabajos diferentes para los que se contrata a la malteada, se vuelve evidente cómo mejorar la bebida. El trabajo matutino requiere de una malteada más densa, que necesite incluso más tiempo para sorberla. Le puedes añadir trozos de fruta, pero no para hacerla saludable, porque esa no es la razón por la que se le alquila. Los clientes de la mañana la contratan para hacer su trayecto interesante. Los inesperados trozos de fruta harán justo eso. Y, por último, podrían sacar la máquina para hacerlos de detrás del mostrador e instalar una terminal para tarjetas prepagadas, de manera que los viajeros puedan entrar, llenar el tanque y salir, y nunca quedar atrapados.

El trabajo de las tardes de hazme-sentir-que-soy-un-buen-padre es fundamentalmente diferente. Tal vez la malteada de las tardes podría venir en tamaños medios, ser menos espesa para que se pudiera terminar más rápido, etcétera.

No existe una respuesta correcta para todas las circunstancias. Tienes que empezar por entender el trabajo que el cliente trata de realizar.

EL TRABAJO DE MANTENER A PAPÁ Y MAMÁ CONTENTOS

No hace mucho tiempo, un inventor se acercó a una compañía de New Hampshire llamada Big Idea Group, con una idea para un juego de cartas que había creado. El director ejecutivo de BIG, Mike Collins, no creyó que el juego se vendería. Pero en lugar de despachar al inventor le preguntó: "¿Cuál fue la razón para que desarrollara este juego?". Más que justificar el juego que había ideado, la respuesta del inventor identificó un problema que surgía repetidamente en su vida: "Tengo tres hijos pequeños y un trabajo demandante. Para cuando regreso a casa y terminamos de cenar son las ocho de la noche y lo niños tienen que acostarse. Pero no nos hemos divertido juntos. ¿Qué hago? ¿Sacar Monopoly o Risk? Necesito juegos divertidos que podamos instalar, jugar y guardar en quince minutos".

¡Ajá¡ Esta labor se presentaba en la vida de este hombre por lo menos cinco veces a la semana.

A pesar de que Collins pensaba que el juego del padre era mediocre, la idea valiosa era el trabajo mismo. Millones de padres atareados piensan lo mismo cada noche. La identificación del trabajo que el inventor estaba tratando de hacer desembocó en una línea llamada "Juegos de 12 minutos". Solamente después de experimentar un problema real fue como el padre tuvo la intuición de crear una línea de juegos que desempeñaran un trabajo importante para millones de personas.

Cada producto o servicio exitoso, ya sea explícita o implícitamente, se estructuró alrededor de un trabajo que debe hacerse. Abordar un trabajo es el mecanismo causal que está detrás de una compra. Si alguien desarrolla un producto que es interesante, pero que intuitivamente no coincide en la mente de los consumidores con el trabajo que están tratando de hacer, ese producto luchará por tener éxito, a menos de que se adapte y reubique en un trabajo importante.

Los creadores del jugo de vegetales V8 aplicaron esta teoría de los trabajos para desarrollar su negocio de una manera asombrosa, tal como narró uno de sus ejecutivos que asistió a uno de nuestros programas de educación de ejecutivos hace cuatro años. Durante años, la campaña publicitaria de V8 —un jugo que prometía tener los nutrientes de ocho diferentes vegetales— había empleado el refrán: "¡Oh, podría haber tomado un V8!". Se vendía como una alternativa a las bebidas refrescantes como el jugo de manzana, gaseosas, Gatorade, etcétera. Pero solo un puñado de clientes prefería realmente el V8 respecto a esos otros productos.

Después de leer uno de los ensayos que mis colegas y yo habíamos escrito sobre las virtudes de definir los productos y los segmentos del mercado en términos de trabajos por hacer, cayeron en la cuenta de que había otro trabajo en su parte del mundo en la que el V8 estaba mejor equipado para competir: proporcionar nutrientes vegetales.

La mayoría les prometimos a nuestras madres cuando nos fuimos de casa que comeríamos vegetales para conservar nuestra salud. Pero alquilar vegetales frescos para llevar a cabo el trabajo implica pelar, rebanar, hacer cubos y triturar, y después hervir, hornear u otra cosa para prepararlos, todo ello para comer un alimento que a la mayoría no nos gusta realmente.

"O —recordó el ejecutivo—, los clientes podían decir: '¡Puedo beber un V8 y obtener todos los nutrientes que le prometí a mamá, pero con una fracción de esfuerzo y tiempo!'".

Una vez que los fabricantes de V8 entendieron eso, la campaña publicitaria cambió el enfoque a que la bebida proporcionaba las raciones de vegetales requeridas diariamente. Funcionó. El ejecutivo contó que V8 cuadruplicó sus ganancias un año después de su decisión de colocarlo en un trabajo diferente, permitiéndole competir contra sus inoportunos competidores: los vegetales.

Contratando a la escuela para un trabajo

Sin darnos cuenta, todo el tiempo utilizamos esta mentalidad del trabajo-que-se-tiene-que-hacer en nuestras interacciones con las personas. Para ilustrar lo anterior, resumiré un trabajo que hicimos para comprender por qué las escuelas en Estados Unidos luchan por mejorar, estudio que culminó en nuestro libro *Disrupting Class*. Uno de los primeros rompecabezas de la investigación era por qué muchos de nuestros escolares parecen poco motivados a aprender. Llevamos a la enseñanza tecnología, educación especial, diversión, viajes de estudio y muchas otras mejoras en la forma en la que se enseña, y parece cambiar las cosas muy poco.

¿Qué está ocurriendo? La respuesta está en entender qué trabajo surge en las vidas de los estudiantes para que la escuela pueda ser contratada para resolverlos.

La conclusión a la que llegamos fue que ir a la escuela no es un trabajo que los niños estén tratando de hacer. Es algo que un niño puede contratar para hacer el trabajo, pero no es *el* trabajo en sí mismo. Los dos trabajos fundamentales que los niños necesitan hacer es sentirse exitosos todos los días y tener buenos amigos. Claro, podrían contratar a la escuela para llevar a cabo estos trabajos. Algunos alcanzan el éxito y hacen amigos en el salón de clase, la banda, el club de matemáticas o el equipo de básquet. Pero para sentirse exitosos y tener amigos también pueden abandonar la escuela y unirse a una pandilla o adquirir un auto y recorrer las calles. Vistas desde la perspectiva de trabajos, se hace evidente que las escuelas con frecuencia no desempeñan estos trabajos bien en absoluto; de hecho, con bastante frecuencia las escuelas están organizadas para contribuir a que la mayoría de los estudiantes se sientan como fracasos. Hemos asumido de entrada que aquellos que triunfan en la escuela lo hacen porque se sienten motivados. Pero concluimos que todos los estudiantes están motivados de manera similar para triunfar. El problema es que solo una fracción de ellos se siente triunfador a causa de la escuela.

En efecto, aprendimos que así como el restaurante de comida rápida había estado perfeccionando la malteada en una dimensión que era ajena al trabajo que los clientes estaban tratando de hacer, nuestras escuelas se estaban automejorando en una dimensión irrelevante para el trabajo que los estudiantes están tratando de hacer.

No hay manera de que podamos motivar a los niños a trabajar más duro en clase *convenciéndolos* de que lo *tienen* que hacer. Más bien necesitamos ofrecer a los niños experiencias en la escuela que los ayuden a hacer estos trabajos para sentirse exitosos y hacerla con los amigos.

Las escuelas que han diseñado su currículum de manera que el estudiante experimente el éxito todos los días tienen tasas de abandono y ausentismo de casi cero. Cuando se les estructura para realizar el trabajo del éxito, los estudiantes con entusiasmo dominan el material difícil, pues al hacerlo están haciendo el trabajo.

¿PARA QUÉ TRABAJO FUISTE CONTRATADO?

Si trabajas para entender para qué trabajo fuiste contratado, tanto profesionalmente como en tu vida personal, la recompensa será enorme. De hecho, es aquí en donde esta teoría proporciona una mayor perspectiva, sencillamente porque uno de los trabajos más importantes para el que alguna vez te contratarán es para ser cónyuge. Creo que entender esto bien es decisivo para mantener un matrimonio feliz.

Tal como aprendimos en nuestra investigación sobre los trabajos que los estudiantes están tratando de hacer, en las siguientes páginas describiré de qué manera este marco puede impactar en nuestros matrimonios y nuestras relaciones. Para economizar palabras he enmarcado a la primera persona con pronombres y adjetivos masculinos, y he empleado palabras femeninas para el cónyuge. Pero estos términos pueden intercambiarse sin modificar en absoluto el significado, ya que los conceptos se aplican de la misma manera a todos.

Al igual que los consumidores de malteadas, tú y tu esposa no siempre pueden articular cuáles son los trabajos fundamentales que *cada uno* personalmente está tratando de hacer, sin mencionar los trabajos primordiales que tiene tu esposa, para cuyo desempeño podría contratar a un esposo. Comprender el trabajo requiere los ingredientes críticos de la intuición y la empatía. Tienes que ser capaz de ponerte, no solo en sus zapatos, sino en su carne, y sin duda, en su vida. Más importante aún: los trabajos que tu cónyuge está tratando de hacer, con frecuencia son muy diferentes de aquellos que tú *piensas* que ella debe desear hacer.

Irónicamente, es por esta razón que muchos matrimonios infelices a menudo se construyen sobre la abnegación. Pero la abnegación se basa en que las partes se den cosas que desean dar y que han decidido que su pareja debe desear, como: "¡Cariño, créeme, vas a adorar este teléfono inalámbrico de iridio!".

Es muy fácil para cualquiera hacer conjeturas respecto a lo que nuestro cónyuge puede desear, en lugar de esforzarnos para entender el trabajo que hay que hacer en la vida de nuestro cónyuge. Permítanme compartirles el caso de Scott, un amigo que tiene tres niños de menos de cinco años. Un día, no hace mucho, Scott llegó a su casa del trabajo y encontró una escena muy poco común: los platos del desayuno todavía estaban en la mesa y la cena no estaba preparada. Su reacción inmediata fue que su esposa, Barbara, había tenido un día difícil y que necesitaba que le echaran una mano. Sin decir una palabra, se arremangó la camisa, lavó los platos del desayuno y empezó a hacer la cena. A medio camino Barbara desapareció. Pero Scott continuó preparando la cena para los niños. Había empezado a darles de comer cuando de pronto se preguntó: ¿dónde está Barbara? Cansado, pero sintiéndose muy bien consigo mismo, subió las escaleras para ver dónde se encontraba. La encontró sola en la recámara. Él esperaba que ella le agradeciera todo lo que había hecho después de un día agotador en el trabajo. Pero en vez de eso Barbara estaba *muy* molesta con él.

Él estaba impactado. Había hecho todo eso por *ella*. ¿En qué se había equivocado?

Barbara le preguntó:

—¿Cómo pudiste ignorarme después de que tuve un día tan difícil?

—¿Piensas que te ignoré? —le respondió Scott—. Lavé los platos del desayuno, limpié la cocina, preparé la comida y estoy dándoles de cenar a los niños. ¿cómo es posible que pienses que te ignoré?

Y entonces se hizo evidente para Scott qué había pasado. Sin duda, era importante que hiciera lo que había hecho, y *él* estaba tratando de ser abnegado dándole a Barbara exactamente lo que él pensaba que ella necesitaba. Sin embargo, Barbara le explicó que el día no había sido difícil por las labores domésticas. Había sido difícil porque había pasado horas y horas con niños pequeños y demandantes, y no había cruzado una palabra con un adulto en todo el día. Lo que más necesitaba en ese momento era una conversación real con un adulto al que ella le importara. Al hacer lo que hizo, él solo logró que Barbara se sintiera culpable y frustrada.

Interacciones como las de Scott y Barbara ocurren miles de veces todos los días en todos los hogares del mundo. Proyectamos lo que deseamos y asumimos que es lo mismo que nuestro cónyuge quiere. Probablemente Scott hubiera deseado tener quien lo ayudara a salir adelante en el día difícil que había tenido en la oficina, así que eso fue lo que le ofreció a Barbara cuando llegó a casa. Es tan fácil tener buenas intenciones pero meterse en problemas. Un esposo puede estar convencido de que él es el abnegado y que su esposa es la egoísta, puesto que no se da cuenta de todo lo que él le está dando, y viceversa. Esta también es exactamente la interacción entre los clientes y los vendedores de tantas compañías.

Sí, podemos hacer todo tipo de cosas para nuestro cónyuge, pero si no nos enfocamos en los trabajos que ella necesita más, cosecharemos frustración y confusión en nuestra búsqueda de felicidad en nuestra relación. Nuestro esfuerzo es erróneo, solo estamos haciendo una malteada de chocolate. Esta puede ser la cosa más difícil para hacer lo correcto en nuestro matrimonio. Incluso con buenas intenciones y profundo amor nos podemos malinterpretar mutuamente. Nos vemos atrapados en los quehaceres cotidianos de nuestras vidas. Nuestra comunicación termina enfocándose solo en quién está haciendo qué. Asumimos las cosas.

Sospecho que si estudiamos el matrimonio desde la óptica del trabajo-que-hay-que-hacer, encontraríamos que los esposos que son más leales entre ellos son los que han descubierto los trabajos que su compañero necesita que se hagan, y después lo llevan a cabo de manera fiable y bien. Tengo la certeza de que esto tiene un profundo efecto. Al intentar entender verdaderamente el trabajo que ella necesita que se lleve a cabo, y haciéndolo bien, puedo hacer que me enamore más profundamente de mi cónyuge —y espero—, ella de mí. Por otro lado, el divorcio con frecuencia tiene su raíz en valorar el matrimonio en términos de si ella me está dando lo que yo deseo. Si no es así, entonces prescindo de ella y encuentro a alguien que sí lo haga.

SACRIFICIO Y COMPROMISO

Lo siguiente puede sonar contradictorio, pero creo profundamente que el camino a la felicidad en una relación no es solo encontrar a alguien que crees que te va a hacer feliz. Más bien lo contrario es también cierto: el camino hacia la felicidad es encontrar a alguien a quien quieras hacer feliz, alguien que valga la pena para que te dediques a su felicidad. Si lo que nos provoca que nos enamoremos profundamente es la comprensión mutua y hacer el trabajo que tiene que hacer cada uno, entonces he observado que lo que *afianza* ese compromiso es el grado en el que me sacrifico para ayudarla a tener éxito y a ser feliz.

Este principio —que el sacrificio depende de nuestro compromiso— no solo funciona en los matrimonios. Se aplica a los miembros de nuestra familia y a nuestros amigos cercanos, así como a las organizaciones, e incluso a las culturas y a las naciones.

Para ilustrarlo, permítanme ofrecerles el ejemplo de los marinos estadunidenses, quienes logran un profundo sentido de apego a la organización, a sus pares y a su país. Pero no porque sea divertido, pues solo sobrevivir al entrenamiento del cuerpo de marina es uno de los desafíos más duros para cualquier joven. El trabajo casi los mata. Sacrifican mucho a la corporación y a sus compañeros. Pero con mucha frecuencia puedes ver la leyenda de *Semper Fi* —Siempre Fiel— en las defensas de muchos autos en todos los Estados Unidos.

Annie, nuestra hija, también experimentó eso mientras estuvo como misionera de nuestra iglesia en Mongolia. Cuando ella supo que iba a ir allí, su hermano menor, Spence, le consiguió una guía de viajes. Esta ofrecía una imagen desoladora: "Este es un gran país, pero creemos que no se debe visitar en invierno porque la temperatura desciende a 18°c bajo cero. Y, en realidad, creemos que tampoco se debe ir en verano: la temperatura asciende a

51 °C. Pero en especial no vaya en la primavera: las tormentas de arena estallan en el desierto de Gobi. Si lo atrapa una, desprenderá la pintura de su automóvil y la piel de su cuerpo. Fuera de todo eso, ¡amará el tiempo que pase en este bello país!".

No se veía muy prometedor, pero de todos modos la enviamos a Mongolia. Como decía la guía, a veces fue una experiencia brutal; ahora entendemos por qué Gengis Khan estaba tan ansioso de migrar al sur. Es un lugar difícil. Debido al clima hay pocos lugares en donde crezcan los granos y los vegetales. Como resultado, la dieta —incluso los bocadillos— se compone casi de productos animales: caballos, ovejas, yaks y cabras. Sin embargo, Annie persistió los dieciocho meses de su misión, enseñando y tratando de ayudar a que las personas con las que trataba se volvieran mejores. Ha sido una de las cosas más difíciles que ha hecho en su vida.

Pero, ¿saben qué? Annie dejó para siempre la mitad de su corazón con la gente de Mongolia, además de que fortaleció mucho su compromiso con nuestra iglesia.

Siento lo mismo respecto a Corea y el notable pueblo coreano, porque me desempeñé como joven misionero en Corea cuando este era uno de los países más pobres de Asia. Ni Annie ni yo experimentamos ese intenso apego a las personas de esos países o a nuestra iglesia porque nuestro trabajo haya sido fácil; es lo opuesto. Nos sentimos así porque dimos mucho de nosotros mismos.

Puesto que el sacrificio profundiza nuestro compromiso, es importante asegurarnos de que para lo que nos sacrificamos sea *digno* de ese compromiso, como la iglesia lo fue para Annie y para mí. Tal vez nada merece más sacrificio que la familia, y no es que otros se deban sacrificar por ti, sino que tú también debes sacrificarte por tu familia. Creo que es un cimiento fundamental para establecer amistades profundas y familias y matrimonios felices.

Una de las primeras veces que observé esto fue en la familia de Edward y Joan Quinn, mis suegros. Mi esposa, Christine, es la mayor de doce hermanos que fueron educados en una familia en la que había poco dinero, mucho amor y una imperiosa necesidad de ayudarse a triunfar. Ellos tuvieron que ceder mucho entre todos; no había espacio para el egoísmo. Conozco innumerables familias, pero nunca he sabido de ninguna cuya lealtad sobrepase a la de esta familia. Si algo empieza a estar mal para cualquier miembro de esta, ahora incluso más grande, familia, todos —literalmente todos— hacen fila al día siguiente no solo para ofrecer ayuda, sino para buscar de manera activa formas de apoyo.

También he experimentado esto en mi propia vida. Yo estaba estudiando en Inglaterra cuando mi padre supo que tenía cáncer, y en unos cuantos meses fue evidente que no estaba mejorando. Regresé a casa para ayudarle a mi mamá y a mis hermanos a cuidar de él. No pensé dos veces para hacerlo; era justo lo que necesitaba hacerse.

Mi papá había trabajado en la misma tienda, ZCMI, durante la mayor parte de su vida. Cuando éramos niños, todos los sábados íbamos a la tienda para ayudarlo —o por lo menos nos hacía sentir que lo ayudábamos— a llenar los estantes, a voltear con cuidado las etiquetas y a pesar bolsas pequeñas de nueces y especias, incluso si lo hacíamos ir más despacio. Al ayudarlo durante años aprendimos mucho sobre su trabajo.

Cuando mi papá finalmente enfermó tanto que ya no pudo seguir trabajando, me ofrecí a ocupar su lugar. Una semana era un estudiante de Oxford con una apasionante experiencia académica, y a la siguiente estaba de vuelta en casa llenando los anaqueles de una tienda departamental con artículos navideños.

Puedes pensar que, en retrospectiva, yo estaba molesto por lo que estaba ocurriendo. Y, sin embargo, considero que esos meses que pasé con mi papá y con mi familia fueron de los más felices de mi vida. Cuando medito en la razón de esto es porque puse toda mi vida en pausa por ellos.

Es natural que desees que las personas a las que amas sean felices. Lo que con frecuencia puede ser difícil es entender cuál es tu papel en ello. Pensar en tu relación desde la perspectiva del trabajo que se tiene que hacer es la mejor forma de comprender qué es importante para las personas que significan todo para ti. Te permite desarrollar una verdadera empatía. Preguntarte: "¿Qué trabajo es el que necesita mi cónyuge que yo haga?", te da la capacidad de pensar con respecto a él en la unidad de análisis correcta. Cuando enfocas tu relación desde esta perspectiva, las respuestas son más claras de lo que serían si solo especularas respecto a qué sería correcto hacer.

Pero debes ir más allá de la comprensión de qué trabajo necesita tu cónyuge que hagas. Tienes que realizar ese trabajo. Tendrás que dedicar tu tiempo y energía a ese esfuerzo, estar dispuesto a reprimir tus propias prioridades y deseos y enfocarte en realizar lo que se requiere para hacer a la otra persona feliz. Tampoco debemos ser tímidos para darles a nuestros hijos y cónyuges las mismas oportunidades de darse a sí mismos a otros. Puedes pensar que este enfoque podría en realidad provocar resentimiento en las relaciones porque una persona está claramente renunciando a algo por alguien. Pero he encontrado que esto tiene el efecto contrario. Al sacrificarte por algo que vale la pena, refuerzas profundamente tu compromiso con ello.

Capítulo siete

Embarcando a tus hijos en el barco de Teseo

Todos reconocemos la importancia de ofrecer a nuestros hijos las mejores oportunidades. Cada nueva generación de padres parece enfocarse incluso más en crear posibilidades para sus niños que ellos nunca tuvieron. Con las mejores intenciones ponemos a nuestros hijos en manos de una gran cantidad de instructores y tutores para que los enriquezcan con su experiencia, creyendo que eso los preparará mejor para el futuro. Pero ayudar a nuestros hijos de esta manera puede tener un costo muy alto.

La tragedia griega de la subcontratación

Durante las últimas dos décadas, Dell ha sido uno de los fabricantes de computadoras más exitosos del mundo. Sin embargo, pocas personas saben que una de las razones de su éxito fue un abastecedor de componentes taiwanés de nombre Asus.

Dell alcanzó su paso a principios de la década de los noventa del siglo pasado utilizando varios atractivos para apoyar su crecimiento. En primer lugar, su modelo de negocios era disruptivo: empezó fabricando computadoras básicas a un costo muy bajo porque vendía principalmente por correo o por la red. Después ascendió en el mercado haciendo una secuencia de computadoras cada vez con mayor rendimiento. En segundo, sus productos eran modulares, lo que permitía a sus clientes adaptar sus propias computadoras al seleccionar qué componentes querían en sus máquinas. Después, Dell las armaba y enviaba en un lapso de 48 horas, un logro impresionante. Y tercero, Dell trató de emplear su capital de manera cada vez más eficiente, exprimiendo cada vez más ventas y ganancias por dólar de sus activos, algo que Wall Street aplaudió. Estos tres aspectos estratégicos contribuyeron a que Dell triunfara de una manera extraordinaria.

Curiosamente, fue en realidad Asus, radicado en Taiwán, el que le permitió a Dell lograrlo. Al igual que Dell, Asus empezó en el extremo más bajo proporcionándole circuitos sencillos y confiables a un precio más bajo del que le costaría a Dell fabricarlos.

En ese contexto, Asus llegó con Dell con una propuesta interesante: "Hemos hecho un magnífico trabajo fabricando para ustedes estos pequeños circuitos. Permítannos fabricar también las tarjetas madre para sus computadoras. Hacer tarjetas madre no es *su* competencia, es la *nuestra*. Y las podemos fabricar a un costo 20 por ciento más bajo". Los analistas de Dell se dieron cuenta de que no solo Asus podía hacerlas más baratas, sino que eso le permitiría a Dell eliminar todos los activos relacionados con esta manufactura de sus estados financieros.

Los analistas de Wall Street monitorean rigurosamente parámetros e índices financieros que rastrean la "eficiencia" del capital invertido en un negocio. Uno muy común es RONA, por su siglas en inglés, que significa rendimiento de nuevos activos. En los negocios manufactureros esto se calcula dividiendo el ingreso de una empresa entre sus activos netos. Por lo tanto, se puede considerar que una empresa es más rentable ya sea agregando su ingreso al numerador, o reduciendo los activos en el denominador. Elevar el numerador es más difícil porque ello implica vender más productos. Bajar el denominador con frecuencia es más fácil ya que puedes optar por subcontratar. Mientras más alta es la proporción se considera que un negocio es más eficiente en el manejo de su capital. La propuesta de Asus tenía sentido. Si Dell podía subcontratar algunos de sus activos pero seguía siendo capaz de ofrecer a sus clientes los mismos productos, entonces mejoraría su RONA y haría feliz a Wall Street. "Vaya, esa sería una gran idea —le respondió Dell—. Pueden producir nuestras tarjetas madre". Curiosamente, el acuerdo hizo que Asus también luciera mejor ante los ojos de los inversionistas; estaba incrementando sus ventas mediante la utilización de sus activos existentes. Ambas empresas parecían estar en excelentes condiciones.

Una vez que se reorganizó para adaptarse a este arreglo, Asus fue con Dell y le dijo: "Hemos hecho un buen trabajo fabricando estas tarjetas madre para ti. ¿Por qué no nos permites también ensamblar toda la computadora? El ensamblaje de esos productos no es lo que te ha hecho exitoso. Podemos eliminar los activos restantes de tus estados financieros y lo podemos hacer por 20 por ciento menos".

Los analistas de Dell vieron que eso también representaba una victoria segura. Cuando Asus asumió la actividad adicional, su RONA se incrementó, pues el numerador de la proporción —las ganancias— aumentó. El desprendimiento de los procesos de fabricación también incrementó el RONA de Dell. No cambió la línea de ingresos, pero el hecho de sacar esos activos de sus estados financieros mejoró el denominador de la proporción.

Ese proceso continuó en tanto Dell subcontrató la gestión de su cadena de abastecimiento y después el diseño mismo de sus computadoras. Básicamente, Dell subcontrataba con Asus todo lo que se relacionaba con su negocio de computadoras personales —todo excepto su marca—. El RONA de Dell se elevó mucho ya que dejó muy pocos activos en la parte del consumidor de su negocio.

Y entonces, en 2005 Asus anunció la creación de su propia marca de computadoras. En este cuento de tragedia griega, Asus había tomado todo lo que había aprendido de Dell y lo había aplicado para sí mismo. Empezó con la actividad más sencilla en la cadena de valor, y después, decisión a decisión, cada vez que Dell subcontrataba el siguiente valor añadido más bajo a las actividades restantes de su negocio, Asus agregaba una actividad con un mayor valor añadido al suyo.

Todo el tiempo los números lucían bien para Dell. Pero lo que los números no habían mostrado era el impacto que estas decisiones tendrían en el futuro. Dell empezó como una de las compañías de computadoras más interesantes del mercado, pero con los años lentamente subcontrató su camino hacia la mediocridad en el negocio de consumo. Dell no armaba esas computadoras. Dell no enviaba esas computadoras. No les daba servicio a las computadoras.

Simplemente aceptaba que las compañías en Taiwán colocaran el nombre "Dell" en las máquinas.

Para ser justos con Dell, esta empresa se ha cambiado exitosamente al negocio más lucrativo de los servidores, que está prosperando. Pero por el lado del consumidor, Dell subcontrató algo más crítico de lo que pudo haber imaginado.

CONOCER TUS CAPACIDADES

De esta historia puedes deducir que hay un peligro en la subcontratación. Evidentemente, si la dirección de Dell hubiera sabido cuál sería el resultado de optar por el enfoque que eligieron, hubieran titubeado un poco más para aceptar las propuestas de Asus. Pero, ¿cómo podían haberlo sabido?

La respuesta se encuentra en comprender el concepto de "posibilidades". Necesitas entender qué son las posibilidades y cuáles serán críticas en el futuro, para saber qué posibilidades son importantes de conservar en la empresa y cuáles importan menos.

¿Qué quiero decir con esto?

Cuando los reduces, los factores que determinan lo que una compañía puede y no puede hacer —sus posibilidades— caen en una de tres cubetas: recursos, procesos y prioridades. Estas ofrecen una radiografía precisa de una compañía en un momento dado, porque son mutuamente excluyentes (una parte de una empresa no puede encajar en más de una de las categorías), y son en conjunto exhaustivas (juntas, las tres categorías representan todo lo que hay al interior de la compañía). Juntas, estas posibilidades son cruciales para determinar lo que una compañía puede, y tal vez más importante aún, lo que no puede lograr.

Las posibilidades son dinámicas y se construyen con el tiempo; ninguna compañía empieza con sus posibilidades completamente desarrolladas. El más tangible de los factores son los *recursos*, que incluyen a las personas, el equipo, tecnología, diseño de productos, marcas, información, efectivo y relaciones con los proveedores, distribuidores y clientes. Generalmente los recursos son personas o cosas que pueden ser contratadas y despedidas, compradas y vendidas, depreciadas o construidas. Muchos recursos son visibles y con frecuencia se les puede medir, de manera que los directivos pueden fácilmente estimar su valor. La mayor parte de las personas podría pensar que los recursos son los que hacen a una empresa exitosa.

Pero los recursos son solo uno de tres factores críticos que impulsan un negocio. Las organizaciones crean valor cuando los empleados transforman los recursos en productos y servicios de mayor valor. La forma en la que estos empleados interactúan, coordinan, comunican y toman decisiones se conoce como *procesos*. Estos permiten a los recursos resolver problemas cada vez más complicados.

Los procesos incluyen las maneras en las que los productos se desarrollan y fabrican, y los métodos por los cuales la investigación de mercado, la elaboración de presupuestos, la compensación y la asignación de recursos se logran. A diferencia de los recursos, los cuales con frecuencia se pueden ver y medir fácilmente, los procesos no pueden verse en un estado financiero.

Si una compañía tiene fuertes procesos en marcha, los directores tienen flexibilidad respecto a qué empleados colocar en qué tareas, ya que el proceso funcionará sin importar quién lo lleva a cabo. Véase, por ejemplo, la firma consultora McKinsey, que es contratada para ayudar a las empresas en todo el mundo. Los procesos de McKinsey son tan generalizados que consultores con antecedentes y entrenamientos muy diferentes pueden "conectarse" con los procesos mediante los cuales hacen su trabajo habitualmente, con la confianza de que ofrecerán los resultados requeridos.

La tercera —y tal vez la más importante— capacidad son las *prioridades* de la organización. Este conjunto de factores define cómo una empresa toma decisiones; puede ofrecer una orientación clara acerca de si una compañía es prometedora para invertir en ella y cuál no lo es. Los empleados en todos los niveles tomarán decisiones de asignación de prioridades: en qué se enfocarán hoy y qué colocarán al final de su lista.

Cuando una empresa se vuelve más grande, los directores no pueden vigilar todas las decisiones. Es por eso que mientras más grande y compleja es una compañía, es muy importante que los altos directivos se aseguren de que los empleados den prioridad, por ellos mismos, a las decisiones que sean consistentes con la dirección estratégica y con el modelo de negocios de la empresa. Esto significa que los altos ejecutivos exitosos necesitan dedicar mucho tiempo a articular prioridades claras y consistentes que sean ampliamente comprendidas en toda la organización. Con el transcurso del tiempo, las prioridades de una compañía deben estar en sincronía con cómo la compañía hace dinero, porque los empleados deben darle prioridad a esas cosas que sustentan la estrategia de la empresa, si esta ha de sobrevivir. De otra manera, las decisiones que tomen estarán en conflicto con los fundamentos del negocio.

Nunca subcontrates el futuro

Al igual que Dell, compañías de los sectores farmacéutico, del automóvil, del petróleo, de tecnología de la información, de semiconductores y muchas otras cada vez más han perseguido la subcontratación, sin considerar la importancia de las posibilidades futuras. Los inversores, consultores y académicos los alientan a hacerlo —ven lo fácil y rápido que pueden cosechar los beneficios de la subcontratación, y no ven el costo de la pérdida de posibilidades a las que renuncian al hacerlo—. Se arriesgan a crear su propia versión de Asus.

La historia de la subcontratación en la industria de los semiconductores en Estados Unidos, por ejemplo, narra los problemas que sobrevienen a las compañías que se adhieren ciegamente a la subcontratación. Al principio tenía todo el sentido del mundo subcontratar el más sencillo de los pasos, que implicaba fabricar semiconductores con proveedores chinos y taiwaneses. Las empresas estadunidenses de semiconductores pensaron que estaban a salvo ya que conservaban los pasos más complejos y rentables, como el diseño del producto.

Pero aun cuando los proveedores asiáticos empezaron ensamblando los productos más sencillos, no quisieron quedarse ahí. Era un trabajo de muy bajo costo y casi cualquiera podía hacerlo. Sabían que eran vulnerables a perder ese trabajo frente a un ensamblador de menor costo. Así que los proveedores asiáticos se esforzaron por seguir moviendo el mercado al fabricar y ensamblar productos más sofisticados. Ahora los proveedores de Taiwán, Corea, Singapur y China son capaces de fabricar productos y componentes que sus clientes estadunidenses, que subcontrataron a estos proveedores en primer lugar, ya no pueden pretender volver a hacer.

Las cosas han cambiado verdaderamente. Al principio, las empresas estadunidenses subcontrataban cosas sencillas para reducir costos y sacar activos de sus estados financieros. Como ocurre con frecuencia, cada una de las decisiones por sí misma parecía tener sentido. Sin embargo, ahora deben subcontratar productos sofisticados porque ya no pueden hacerlos.

La teoría de las posibilidades ofrece a las compañías el contexto para determinar cuándo tiene sentido la subcontratación y cuándo no. Hay dos consideraciones importantes: primero, debes tener una visión *dinámica* de las capacidades de tus proveedores. Asumir que pueden y van a cambiar. No debes enfocarte en lo que los proveedores están haciendo ahora, sino, más bien, en lo que se están esforzando por poder hacer en el futuro. Segundo, y más importante aún: imaginar qué posibilidades necesitas para tener éxito en el futuro. Estas deben quedarse en la empresa, porque de otra manera estás entregando el futuro de tu negocio. Comprender el poder y la importancia de las posibilidades puede marcar la diferencia entre un buen director ejecutivo y uno mediocre.

QUÉ PUEDE HACER Y QUÉ NO PUEDE HACER TU HIJO

Ya sea que nos demos cuenta o no, todos los días estamos evaluando las posibilidades que nos rodean. Evaluamos todo lo que concierne a nuestras organizaciones, nuestros jefes, colegas, compañeros y empleados. Evaluamos a nuestros competidores. Pero si te pidiera que acercaras esos lentes a tu hogar, ¿podrías hacerlo? ¿Cuáles son tus posibilidades? ¿Cuáles son las posibilidades de tu familia? Podría parecer gracioso pensar en nosotros mismos como una combinación de recursos, procesos y prioridades, igual que una empresa. Pero es una manera reveladora para evaluar lo que somos capaces de lograr en nuestras propias vidas, y qué podría estar fuera de nuestro alcance. Te apuesto a que si enumeraras tus posibilidades, hay algunas que sabes que son fortalezas y activos reales. Pero todos tenemos unas cuantas zonas que quisiéramos que fueran más fuertes, posibilidades que desarrollarías más si pudieras retroceder en el tiempo.

Desafortunadamente, nadie nos podemos dar el lujo de hacer eso. Así como Dell no puede hacer retroceder el reloj en las decisiones que tomó para subcontratar sus posibilidades, no podemos retroceder a nuestra juventud para buscar formas de desarrollar las capacidades que quisiéramos tener. Pero como padres tenemos la oportunidad de ayudar a nuestros hijos a hacer bien las cosas. El *modelo de recursos, procesos y prioridades* puede ayudarnos a calibrar qué necesitarán poder hacer nuestros hijos, teniendo en cuenta los desafíos y problemas que sabemos que enfrentarán en el futuro.

El primer factor que determina lo que un niño puede y no puede hacer son sus recursos. Estos incluyen los recursos financieros y materiales que ha recibido o se ha ganado, su tiempo y energía, lo que sabe, cuáles son sus talentos, qué relaciones ha construido, y lo que ha aprendido del pasado.

El segundo grupo de factores que determinan las posibilidades de un niño son los procesos. Estos son los que tu hijo lleva a cabo con los recursos con los que cuenta para alcanzar y crear cosas nuevas para él. Al igual que dentro de una empresa, estos son relativamente intangibles, pero son una gran parte de lo que hace a cada niño único. Incluyen la manera en la que piensa, cómo plantea preguntas profundas, cómo y si puede resolver problemas de diversos tipos, cómo trabaja con otros, etcétera.

Permíteme ofrecerte algunos ejemplos para subrayar la diferencia entre los recursos y los procesos de un niño. Imagina a un joven que está en clase. Los maestros y los académicos pueden generar conocimientos y nuestro joven puede sentarse en clase y absorber pasivamente los conocimientos que otros han creado. Ese conocimiento ahora se convierte para él en un recurso; podrá emplearlo para conseguir una mejor calificación en un examen que solo mide cuánta información ha adquirido. Pero ello no necesariamente significa que haya alcanzado la habilidad de *crear* nuevo conocimiento. Si es capaz de tomar la información que absorbió en clase y usarla para, digamos, crear una aplicación para una tableta, como un iPad, o llevar a cabo su propio experimento científico, *esa* capacidad es un proceso.

Si lo anterior describe los recursos y los procesos de un niño, la capacidad final son las prioridades personales del niño. Estas no son tan diferentes de las prioridades que tenemos en nuestras propias vidas: la escuela, los deportes, la familia, el trabajo y la fe son algunos ejemplos. Las prioridades determinan cómo el niño tomará decisiones en su vida, qué cosas que están en su mente y en su vida colocará hasta arriba de la lista, cuáles aplazará y cuáles no tendrá absolutamente ningún interés en hacer.

Para entender cómo trabajan estas tres juntas, sigamos con el ejemplo de un niño que desarrolla una aplicación para un iPad. Si tu hijo tiene una computadora en la cual puede programar y los conocimientos para programar una aplicación para iPad, tiene los recursos. La manera en la que aglutina estos recursos para crear algo novedoso, algo que no se le enseñó explícitamente a hacer, de aprender a medida que avanza, esos son sus procesos. Y el deseo que tiene de dedicar su preciado tiempo libre a crear la aplicación, el problema que le preocupa lo suficiente para que la aplicación lo resuelva, la idea de crear algo único, o el hecho de que sus amigos quedarán impresionados, son las prioridades que lo conducen a hacerlo. Los recursos son lo que *emplea* para hacerlo, los procesos son *cómo* lo hace y las prioridades son *por qué* lo hace.

LA TRAGEDIA GRIEGA DENTRO DE NUESTRAS FAMILIAS

Me preocupa que muchos, muchos padres le están haciendo a sus hijos lo que Dell le hizo a su negocio de computadoras personales: eliminar las circunstancias en las que pueden desarrollar procesos. Como regla general, en las sociedades prósperas hemos estado subcontratando más y más trabajo que, hace una generación, se hacía "internamente" en la casa. Suena casi pintoresco en comparación con la vida actual, pero en el modesto vecindario en el que crecí había mucho trabajo en proceso en nuestras casas. Teníamos jardines y árboles frutales; sembrábamos mucho de lo que comíamos. Teníamos que conservar mucho de lo que sembrábamos para poder consumirlo durante el invierno y la primavera. Nuestras madres hacían gran parte de la ropa que usábamos, y ante la ausencia de telas libres de arrugas teníamos que pasar horas y horas lavando y planchando nuestra ropa. La idea de que se pudiera contratar a alguien para que podara el pasto y paleara la nieve de nuestra casa era inconcebible. Había tanto trabajo que hacer que los niños básicamente trabajaban para sus padres.

Paso a paso, en los últimos cincuenta años se ha vuelto más barato y fácil subcontratar este trabajo a profesionales. Ahora el único trabajo que se lleva a cabo en muchos hogares es una limpieza periódica del desastre que hacemos. Ante la ausencia de trabajo hemos creado una generación de padres que desinteresadamente se dedican a proporcionar a sus hijos experiencias enriquecedoras, como las llamadas *soccer moms*,[3] un término que incluso no formaba parte del léxico estadunidense hasta hace quince años. Amorosamente acarrean a los niños al futbol, lacrosse, basquetbol, futbol americano, hockey y beisbol; a baile, gimnasia, música y lecciones de chino; los envían un semestre a Londres y a tantos campamentos que muchos niños incluso no tienen tiempo para conseguir un trabajo a tiempo parcial durante el verano. Si se consideran individualmente, cada uno puede ser una maravillosa oportunidad para que el niño se desarrolle y un excelente sustituto de todo el trabajo que había que realizar en el hogar. Los niños pueden aprender a superar grandes dificultades, asumir responsabilidades, volverse buenos jugadores. Representan oportunidades para desarrollar los procesos críticos en los que los niños deberán tener éxito más tarde en su vida.

No obstante, con demasiada frecuencia los padres endosan todas estas experiencias a sus hijos sin tener eso en mente. Por un lado, exponerlos a muchas actividades es encomiable. Quieres ayudar a tus hijos a descubrir algo que realmente disfruten hacer, y es muy importante para ellos encontrar algo que los motive a desarrollar sus propios procesos.

[3] El término, que literalmente en español significaría "mamá futbolera", se aplica a mujeres de clase media alta que viven en los suburbios y que emplean gran parte de su tiempo en llevar a sus hijos a actividades deportivas. *(N. de la T.)*

Pero no siempre eso es lo que impulsa a los padres a imponer estas actividades en las vidas de sus hijos. Los padres tienen su propio trabajo, y este puede ocultar el deseo de ayudar a sus hijos a desarrollar sus procesos. Tienen el trabajo de desear sentirse buenos padres: ¿ves todas las oportunidades que le estoy ofreciendo a mi hijo? O los padres que, con frecuencia con el corazón en el lugar correcto, proyectan sus propias esperanzas y sueños en sus hijos.

Cuando estas otras intenciones empiezan a deslizarse, y los padres parecen llevar a sus hijos hacia una interminable oferta de actividades con las cuales los niños no están verdaderamente comprometidos, deberían empezar a surgir señales de alarma. A partir de estas experiencias, ¿los niños están desarrollando los procesos profundos e importantes del trabajo en equipo, del espíritu emprendedor y aprendiendo el valor de la preparación? ¿O solo siguen la corriente? Cuando nos enfocamos considerablemente en proporcionar a nuestros hijos recursos, necesitamos plantearnos una nueva serie de preguntas: ¿Ha perfeccionado mi hijo la habilidad de desarrollar mejores habilidades? ¿El conocimiento para desarrollar un conocimiento más profundo? ¿La experiencia de aprender de sus experiencias? Estas son las diferencias críticas entre recursos y procesos en las mentes y los corazones de nuestros hijos y, me temo, el residuo imprevisto de la subcontratación.

Cuando Dell subcontrató parte de su negocio a Asus, le proporcionó a este último el blanco al que tenía que acertar y los problemas que necesitaba resolver. Entonces Asus desarrolló los procesos para llevar a cabo el trabajo, incluso si los procesos de Dell para hacer el mismo trabajo se habían atrofiado. Asus cumplió y expandió dichos procesos de manera que pudiera realizar un trabajo cada vez más sofisticado. Dell no vio que mientras se enfocaba tan intensamente en los recursos y reducía sus procesos cruciales, estaba en realidad socavando su futura competitividad.

Muchos padres están cometiendo el mismo error al inundar a sus hijos con recursos —conocimientos, habilidades y experiencias—. Y tal como ocurrió con Dell, cada una de las decisiones a tomar parecen tener sentido. Deseamos que nuestros hijos salgan adelante y creemos que las oportunidades y experiencias que les hemos proporcionado los ayudarán a hacer exactamente eso. Pero la naturaleza de dichas actividades —experiencias con las que no están profundamente comprometidos y que realmente no los impulsan a hacer cosas difíciles— niega a nuestros hijos la oportunidad de desarrollar los procesos que necesitan para tener éxito en el futuro.

Lo que mis padres no hicieron por mí

El resultado final de estas buenas intenciones para nuestros hijos es que muy pocos llegan a la edad adulta habiéndoles dado la oportunidad de asumir una responsabilidad onerosa y de resolver problemas complicados para ellos y otros. La autoestima —el sentimiento de "No me asusta enfrentar este problema y pienso que puedo resolverlo"— no proviene de recursos abundantes. Más bien proviene de lograr algo importante cuando es difícil de hacer.

Al momento de redactar este libro, y por primera vez en la economía moderna, el desempleo entre los jóvenes es más alto que en casi cualquier otro grupo en Estados Unidos, y de hecho en muchos países desarrollados en el mundo. ¿Cómo es posible esto? Las personas razonables pueden discutir si esto es resultado de las políticas económicas de décadas pasadas, pero yo creo que hay otro factor que contribuye a esta situación. Me preocupa que toda una generación haya llegado a la edad adulta sin las capacidades —particularmente los procesos— que se traducen en empleos. Hemos subcontratado el trabajo de nuestros hogares y hemos permitido que ese vacío se llene con actividades que no desafían o comprometen a nuestros hijos. Al proteger a nuestros niños de los problemas que surgen en la vida, involuntariamente hemos negado a esta generación la habilidad para desarrollar los procesos y las prioridades necesarias para triunfar.

No abogo por lanzar a los niños a las profundidades para ver si pueden nadar. En cambio, se trata de empezar temprano y hallar problemas sencillos para que los resuelvan por sí mismos, problemas que los puedan ayudar a construir procesos y una saludable autoestima. Cuando miro mi propia vida en retrospectiva reconozco que algunos de los regalos más grandes que recibí de mis padres provenía no de lo que ellos habían hecho por mí, sino más bien de lo que *no hicieron* por mí. Un ejemplo de ello: mi madre nunca remendó mi ropa. Recuerdo que estaba en los primeros años de primaria y fui con ella con hoyos en mi par de calcetines favorito. Mi madre acababa de tener a su sexto hijo y estaba muy involucrada en las actividades de nuestra iglesia. Estaba muy, muy ocupada. Nuestra familia no tenía dinero extra en ninguna parte, por lo que comprar calcetines nuevos estaba fuera de todo lugar. Así que me dijo que ensartara una aguja con hilo y que regresara cuando lo hubiera hecho. Una vez hecho esto —que me tomó cerca de diez minutos, cuando estoy seguro de que ella lo hubiera hecho en diez segundos— tomó uno de los calcetines y me enseñó a meter y sacar la aguja alrededor de la periferia del hoyo, en lugar de hacia adelante y atrás a lo largo del hoyo, y después a solo cerrar el agujero. Eso le llevó cerca de treinta segundos. Por último, me mostró cómo cortar y hacer nudo el hilo. Después, me dio el segundo calcetín y siguió su camino.

Casi un año después —probablemente estaba en tercer grado— me caí en el patio de la escuela y desgarré mis pantalones Levi's. Eso era serio porque tenía la ración estándar de la familia de dos pares de pantalones para la escuela. Así que se los llevé a mi mamá y le pregunté si los podía arreglar. Ella me mostró cómo preparar y manejar una máquina de coser, incluyendo cómo cambiar a una puntada en zigzag; me dio una o dos ideas de cómo trataría de arreglarlos si fuera quien lo hiciera, y después siguió su camino. Al principio me senté ahí desorientado, pero finalmente lo resolví.

Aunque en retrospectiva estas eran cosas muy sencillas, representan un momento definitorio en mi vida. Me ayudaron a aprender que debía resolver mi propios problemas siempre que fuera posible; me dieron la confianza de que podía resolver mis propios problemas, y me ayudaron a experimentar orgullo en ese logro. Es curioso, pero cada vez que me ponía esos calcetines raídos, veía la reparación de la punta y pensaba: "Yo hice eso". Ahora no recuerdo cómo se veía la reparación en la rodilla de esos pantalones Levi's, pero estoy seguro de que no era bonita. Sin embargo, cuando la veía no pensaba que tal vez no había hecho un remiendo perfecto. Solo me sentía orgulloso de que yo lo había hecho.

Respecto a mi mamá, siempre me he preguntado cómo se habrá sentido cuando me vio ir a la escuela con esos pantalones parchados en la rodilla. Algunas madres se hubieran sentido avergonzadas de que vieran a sus hijos en esos andrajos que evidenciaban que debíamos escatimar unas cuantas monedas. Pero creo que mi mamá ni siquiera miró mis Levi's. Pienso que me estaba viendo, y que probablemente vio en mí lo mismo que yo vi en el parche: "Yo lo hice".

Los niños aprenden cuando están listos para aprender

El negar a los niños la oportunidad de desarrollar sus procesos tampoco es la única manera en la que la subcontratación ha dañado sus capacidades. Hay algo mucho más importante en riesgo cuando subcontratamos mucho en nuestras vidas: nuestros valores.

No hace mucho estaba felicitando a un amigo porque sus hijos se habían convertido en unos adultos estupendos. Él y su esposa (los llamaré Jim y Norma) habían criado una maravillosa familia. Cada uno de sus cinco hijos resultaron ser *muy* diferentes entre sí. Pero todos tenían éxito en sus carreras, habían elegido esposas maravillosas y ahora tenían hijos, cada uno en una parte diferente del país.

Les pregunté a Jim y a Norma cómo habían hecho para educar hijos tan fantásticos. De todas las joyas de sabiduría que me compartieron, sobresale esta reflexión: "Cuando los chicos vienen a casa para una reunión familiar, me encanta escucharlos una y otra vez sobre las experiencias que tuvieron mientras crecían y cuál tuvo el mayor impacto en sus vidas. Por lo general no recuerdo los eventos que ellos consideran importantes. Y después, cuando les pregunto por la época en la que Jim y yo nos sentábamos con ellos especialmente para compartir los que nosotros pensábamos que eran los valores fundacionalmente importantes en nuestra familia, bueno, los chicos no recuerdan nada. Creo que lo que se puede aprender de esto es que los niños aprenderán cuando estén listos para aprender, no cuando nosotros estemos listos para enseñarles".

Esa es una hermosa manera de estructurar la importancia de la construcción de la tercera de las capacidades, las prioridades. Afecta a lo que nuestros hijos antepongan en sus vidas. Sin duda, puede ser la única capacidad más importante que podemos darles.

Tal vez recuerdas momentos parecidos en tu niñez, las veces que asimilaste algo importante de tus padres que ellos tal vez no estaban conscientes de estar enseñando. Muy probablemente tus padres no estaban conscientes de estar enseñándote cuáles eran las prioridades correctas en ese momento, pero por el simple hecho de que estaban a tu lado en esos momentos de aprendizaje, estos valores se convirtieron también en los tuyos. Lo que significa que, primero, cuando los niños están listos para aprender debemos estar presentes. Y segundo, es preciso demostrar a través de nuestras acciones las prioridades y los valores que deseamos que nuestros hijos aprendan.

Por enésima vez, con la subcontratación de gran parte del trabajo que antes llenaba nuestros hogares hemos creado un vacío en las vidas de nuestros hijos que con frecuencia se llena con actividades en las que nosotros no estamos involucrados. Como resultado, cuando nuestros hijos estén listos para aprender, con frecuencia van a ser personas a quienes no conocemos o respetamos las que van a estar ahí.

Los griegos nos legaron un maravilloso enigma. El primero en recogerlo fue Plutarco, y se conoce como El barco de Teseo. Como un tributo al mítico fundador de su ciudad

—famoso por haber dado muerte al Minotauro—, los atenienses se comprometieron a conservar el barco de Teseo en buenas condiciones de navegabilidad en el puerto de Atenas. Las partes que se iban deteriorando se reemplazaban, hasta que cada parte del barco se había sustituido.

El enigma era el siguiente: dado que todas sus partes se habían cambiado, ¿aún era el barco de Teseo? Los atenienses seguían llamándolo el barco de Teseo... pero, ¿era su barco?

Quiero convertir eso en una pregunta filosófica similar para ti: si tus hijos obtienen sus prioridades y valores de otras personas... ¿de quién son los niños?

Sí, todavía son tus hijos, pero ¿ves adónde quiero llegar? El riesgo no es que cada momento que pasen con otro adulto este les esté transfiriendo valores inferiores indelebles. Tampoco se trata de afirmar que necesitas proteger a tus hijos del "gran mundo malo", que tengas que pasar cada minuto del día con ellos. No deberías hacerlo. El equilibrio es importante y tus hijos aprenderán valiosas lecciones al enfrentar los retos que la vida les planteará.

En cambio, el punto es que, incluso si lo estás haciendo con la mejor de las intenciones, si en tu papel como padre cada vez más te diriges hacia la subcontratación, perderás muchas valiosas oportunidades de ayudar a tus hijos a que desarrollen sus valores, que puede ser la capacidad más importante de todas.

Al proveer a tus hijos con recursos lo haces por su bien más elevado. Esto es lo que la mayoría de los padres piensa que deben hacer, velar por sus hijos. Puedes comparar con tus vecinos y amigos cuántas actividades desarrolla tu hijo, qué instrumentos aprende, qué deportes practica. Es fácil medirlas y te hacen sentir bien. Pero exagerar en este gesto de amor puede en la realidad obstaculizar que se conviertan en los adultos que deseas que sean.

Los niños deben hacer más que aprender nuevas habilidades. La teoría de las capacidades sugiere que los niños necesitan ser desafiados. Necesitan resolver problemas difíciles. Necesitan desarrollar valores. Cuando les proporcionas más y más experiencias que no les ofrecen a tus hijos la oportunidad de comprometerse profundamente, no los estás equipando con los procesos necesarios para triunfar en el futuro. Y si les entregas a tus hijos a otras personas para que estas les proporcionen todas estas experiencias subcontratación estás, en realidad, perdiendo valiosas oportunidades para criarlos y que se desarrollen en adultos que respetas y admiras. Los niños aprenderán cuando estén listos para aprender, no cuando tú estés listo para enseñarles; si no estás con ellos cuando se tropiezan con problemas en su vida, entonces te estás perdiendo de importantes oportunidades para moldear sus prioridades y sus vidas.

Capítulo ocho

Las escuelas de la experiencia

Ayudar a tus hijos a aprender cómo hacer cosas difíciles es uno de los papeles más importantes de un padre. Será esencial para equiparlos para enfrentar los problemas que la vida les presentará. Pero, ¿como dotas a tus hijos de las capacidades adecuadas?

¿Es esto realmente lo que hay que tener?

En 1979 el escritor Tom Wolfe atrapó la imaginación del público con su descripción de uno de los ambientes profesionales más competitivos del mundo: el de los pilotos de prueba estadunidenses. Para encontrar a quien debía alcanzar la cima, los pilotos competían en una prueba de nervios siempre en aumento, en una especie de desafío darwiniano. Los primeros directivos de la NASA decidieron que eso servía para identificar a quien había nacido con "lo que hay que tener". Aquellos que prosperaban bajo la presión del programa eran considerados héroes por naturaleza.

Muchas empresas que buscan tomar decisiones respecto a los puestos de categoría superior tienden a reproducir este mismo tipo de pensamiento: que hay una manera definitiva para identificar la diferencia entre lo bueno y lo excelente. En los negocios, la "prueba" es lo que muestra un currículum; a partir de él puedes decir si es probable que un candidato salga adelante en una posición exigente. Detrás de esto se encuentra la creencia de que los principales candidatos tuvieron éxito debido a un talento innato; que todos estos talentos eran cualidades con las que el candidato había nacido, que estaban latentes en espera de ser utilizadas y perfeccionadas. Los seleccionadores buscan a esos candidatos que han ido de éxito en éxito, una especie de versión de negocios de los pilotos de pruebas. Tienen, en palabras de Wolfe, "lo que hay que tener".

Pero si algún candidato se movió de manera horizontal y tuvo encargos que no fueron claras promociones, muchos seleccionadores asumen que la persona carece de "lo que hay que tener"; es como si su compañía hiciera patente que este ha llegado al límite de su talento.

Si encontrar "lo que hay que tener" es una forma de identificar a los mayores talentos, ¿por qué es común ver a ejecutivos con una excelente trayectoria en una empresa llegar a otra con grandes fanfarrias, solo para que muy pronto se les considere un fracaso y despedirlos? Ahí hay algo que está claramente equivocado. La idea de que algunas personas tienen talentos innatos que solo necesitan ser identificados ha demostrado ser un indicador poco fiable del éxito en los negocios. Las empresas están empleando lo que parecería ser una lista lógica de criterios para seleccionar a sus altos ejecutivos, pero es la lista equivocada.

Hace varios años, durante un programa ejecutivo de educación para cerca de mil directores ejecutivos de una variedad de empresas, planteé estas preguntas: "De todas las personas que contrató o promovió a puestos de responsabilidad (definida) en su compañía, a partir de que desempeña su responsabilidad actual, ¿qué porcentaje de ellas resultó una excelente elección? ¿Qué porcentaje se está desempeñando de manera adecuada? Y, ¿qué porcentaje resultó ser la peor persona para el puesto para el que fue contratada?". Según sus cálculos, cerca de un tercio era excelente; 40 por ciento fue una selección adecuada y 25 por ciento resultó un error.

En otras palabras, un directivo típico se equivoca *mucho*. Puede que se esfuerce por lograr cero defectos en la calidad de lo que produce o en sus servicios, pero una tasa de 25 por ciento de "defecto" al seleccionar a las personas adecuadas —lo que para muchos sería su responsabilidad más importante—, de alguna manera se considera aceptable.

Por tanto, ¿si una selección mediante "lo que hay que tener" no predice un éxito futuro, qué sí lo hace? He dedicado mucho tiempo a investigar el tema para intentar desarrollar una teoría que ayude a mis estudiantes a evitar esos errores en la selección de sus futuras carreras. En mi búsqueda leí muchos libros en los cuales el pensamiento había sido reducido a generalidades. Todos ellos hablaban de la necesidad de tener "a la persona correcta en el lugar indicado en el momento adecuado", y toman ejemplos de empresas exitosas como la base para elaborar "reglas" sobre cómo hacerlo. La mayoría de los libros que leí planteaban que las elecciones de una empresa exitosa funcionaban para todas. "Si contratas el tipo de persona que las exitosas empresas XYZ contrataron, tú también triunfarás".

Ese es un pésimo modo de desarrollar una teoría. En realidad, no se trata de una teoría. Muchas de estas conclusiones se basan en anécdotas y rumores.

No fue sino hasta que me topé con trabajos inicialmente desarrollados por Morgan McCall, un profesor de la Universidad del Sur de California, en un libro titulado *High Flyers* [Altos vuelos] que encontré una teoría que ayudara a las personas a tomar mejores decisiones respecto a quién contratar en el futuro. En él explicaba por qué tantos directores se equivocan al contratar.

McCall tiene una visión muy diferente de "lo que hay que tener" . Sin duda, los pilotos de Wolfe fueron lo mejor de lo mejor, pero la teoría de McCall proporciona una explicación causal de por qué. No fue porque hayan nacido con habilidades superiores, sino porque las han perfeccionado a lo largo del tiempo mediante experiencias que les enseñaron cómo enfrentar fracasos o un alto estrés en situaciones de alto riesgo.

El pensamiento de "lo que hay que tener" enumera habilidades que están *relacionadas* con el éxito. Se trata, utilizando la teoría que se discutió antes, de buscar si los candidatos tienen alas y plumas. El modelo de escuelas de experiencia de McCall pregunta si ya han realmente volado, y si es así, en qué circunstancias. También sirve para identificar si, en un encargo anterior, alguien ha luchado con un problema similar al que tendrá que enfrentar de ahí en adelante. En el lenguaje anterior de las capacidades, es una búsqueda de capacidades de proceso.

A diferencia del modelo "lo que hay que tener", el pensamiento de McCall no se basa en la idea de que los grandes líderes nacieron listos para empezar. Más bien, las experiencias de la vida desarrollaron y moldearon sus habilidades.

Un trabajo difícil, fracasar al dirigir un proyecto, encargos en una nueva área de la compañía, todo ello se convierte en "cursos" en la escuela de la experiencia. Las habilidades que el líder tiene o no dependen enormemente de qué "cursos", por así decirlo, ha o no tomado en su carrera.

Lo que hay que tener no está bien en lo absoluto

Con más frecuencia de la que quisiera admitir, a lo largo de los años he cometido errores al asesorar a directores por no aplicar el pensamiento de McCall. Por ejemplo, no estuve a la altura cuando dirigí CPS Technologies, que fabricaba productos de materiales cerámicos de alta tecnología, como óxido de aluminio y nitrito de silicón. A los dos años de haber iniciado nuestra *start-up*, estábamos listos para movernos hacia un nivel bajo de manufactura de nuestros productos, y decidimos que necesitábamos contratar a un vicepresidente de operaciones. Ni yo ni mis colegas profesores del ITM habíamos expandido antes un proceso de manufactura. La responsabilidad inmediata del vicepresidente era hacer eso: sacar nuestras operaciones del laboratorio y producirlas en nuestra planta, que se situaba a ocho kilómetros de nuestros laboratorios.

Después de tres meses redujimos la búsqueda a dos personas. Un inversor de riesgo de nuestro consejo nos refirió al Candidato A, un hombre *muy* capaz, que era vicepresidente ejecutivo de operaciones de una unidad de negocios de una empresa multimillonaria que se extendía por todo el globo. Admiramos la calidad de sus productos, que incluían algunos de óxido de circonio muy sofisticados que podían soportar golpes rápidos de temperatura sin fracturarse. Nuestra segunda alternativa, el Candidato B, había sido jefe de Rick, uno de nuestros ingenieros más respetados. Rick lo recomendaba ampliamente. El Candidato B había estado en la línea del frente de su compañía y se notaba: el hombre tenía literalmente lodo debajo de las uñas. Acababa de cerrar dos plantas que fabricaban productos de cerámica de tecnología tradicional, como óxido de aluminio, en aplicaciones de aislamiento eléctrico, cerca de Erie, Pensilvania, para deshacerse de contratos sindicales costosos. Había llevado gran parte de su equipo de procesamiento a un pueblo rural de Tennessee, donde habían abierto una nueva planta tres meses antes. No tenía grado académico.

Los altos directivos de la compañía se inclinaban por el hombre con las uñas sucias. Pero los dos inversores de riesgo del consejo estaban decididamente a favor del Candidato A. Tenían grandes expectativas para CPS Technologies, y el Candidato A era un alto directivo de una compañía a la que queríamos imitar. Él conocía desde adentro cómo operaba una compañía global de alta tecnología en el espectro de los materiales. El Candidato A estaba a cargo de cerca de dos billones en ventas globalmente. Nuestros vicepresidentes menospreciaban al Candidato B por sus baja experiencia tecnológica. La compañía del Candidato B era de propiedad familiar y normalmente generaba 30 millones en ganancias.

Finalmente nos decidimos por el Candidato A, y gastamos cerca de 250 000 dólares para reubicarlo de Tokio a Boston. Era un hombre agradable, pero manejó muy mal la aceleración del proceso y la planta. Dieciocho meses después tuvimos que pedirle que renunciara. Para ese entonces el Candidato B había tomado otro trabajo, por lo que tuvimos que iniciar otra búsqueda.

En esa época no teníamos la teoría de McCall para que nos guiara —desearía haberla tenido—. El Candidato A había tenido a su cargo una operación masiva, pero que estaba en un estado estacionario. Nunca antes había iniciado ni construido nada, y como consecuencia desconocía los problemas con los que uno se topa al echar a andar una nueva fábrica y aumentar la producción de un proceso nuevo. Más aún, debido a la escala de sus operaciones, el Candidato A tenía un grupo grande de subordinados directos. Él dirigía a través de ellos, en lugar de trabajar hombro con hombro con ellos.

Cuando comparamos los currículums de los candidatos, el Candidato A ganó fuera de toda duda. "Tenía lo que hay que tener"; los adjetivos que se le adjudicaron simplemente desdibujaron al Candidato B. Pero eso no lo hizo adecuado para nosotros. Sin embargo, si hubiéramos buscado por los verbos en pasado de sus currículums, el Candidato B hubiera ganado fácilmente porque su currículum habría mostrado que había tomado los cursos adecuados en las escuelas de la experiencia, incluyendo un diplomado de campo llamado "Intensificación de la tecnología de procesos desde el laboratorio, a través de una escala piloto y después a gran escala". Hubiera luchado con problemas que el resto de nosotros ni siquiera sabíamos que íbamos a enfrentar.

O, en otras palabras, él tenía los procesos adecuados para hacer el trabajo. Al expresar una preferencia por el candidato más pulido, nosotros mismos antepusimos los recursos a los procesos. Esto es lo que describí en el capítulo anterior como algo que los padres hacen, y es un error muy fácil de cometer. Incluso las empresas grandes se equivocan todo el tiempo. Véase, por ejemplo, la historia de Pandesic, una extraordinaria colaboración entre dos gigantes tecnológicos mundiales, Intel y SAP. Cometieron exactamente el mismo error que mis colegas y yo al contratar al vicepresidente de operaciones de CPS Technologies, solo que en una escala mucho más grande.

Pandesic se diseñó para crear una versión más accesible del programa informático de planeación de SAP, dirigido a compañías pequeñas y medianas. Fue creado en 1997 con grandes esperanzas y cien millones de financiación. Tanto Intel como SAP eligieron a su personal más reconocido para dirigir este sobresaliente proyecto conjunto.

Pero solo tres años después se le declaró un fracaso colosal. Virtualmente nada funcionó como se había planeado.

Si bien es muy fácil hablar después de los hechos de todo lo que se hubiera hecho de manera diferente, en retrospectiva una cosa es cierta: a pesar de que las personas elegidas por ambas compañías para dirigir el proyecto tenían una gran experiencia, no eran las adecuadas para el trabajo.

Viéndolo a través de la perspectiva de la teoría de McCall empieza a tener sentido por qué. En tanto que el equipo de altos ejecutivos de Pandesic tenía currículums estelares, ninguno de ellos poseía experiencia en lanzar una nueva empresa. Ninguno sabía cómo ajustar una estrategia cuando la primera no había funcionado. Ninguno había tenido que imaginar cómo hacer un producto nuevo rentable antes de hacerlo crecer.

El equipo de Pandesic estaba acostumbrado a implementar iniciativas organizadas y bien dotadas para sus respectivas compañías de primer nivel. Lo que Intel y SAP hicieron fue seleccionar cuidadosamente un equipo que pudiera dirigir un equivalente de alguno de los dos gigantes, pero no una *start-up*. Los miembros del equipo no habían asistido a la escuela correcta para saber crear y manejar un proyecto de nuevo crecimiento. Eso relegó a Pandesic a una nota al pie de las historias de Intel y SAP.

Planea tus cursos en las escuelas de la experiencia

Si reflexionas en la teoría de McCall, asistir a los cursos adecuados en las escuelas de la experiencia puede ayudar a las personas en todo tipo de situaciones a incrementar la probabilidad de éxito.

Nolan Archibald, uno de los vicepresidentes que más admiro, les ha hablado a mis estudiantes sobre esta teoría. Archibald ha tenido una carrera brillante, incluyendo haber sido el vicepresidente más joven de una compañía en la lista de Fortune 500, Black and Decker.

Les narró a mis estudiantes cómo manejó su carrera después de que se retiró. Lo que describió no fueron todos los pasos de su currículum, sino más bien *por qué* los dio. A pesar de que no utilizó este lenguaje, construyó su carrera registrándose en cursos específicos en las escuelas de la experiencia. Archibald tenía una meta muy clara en mente cuando salió de la universidad: quería convertirse en un alto ejecutivo de una empresa exitosa. Pero en vez de embarcarse en lo que la mayoría de las personas pensaban que era lo "correcto", en trabajos prestigiosos que le sirvieran para llegar, se preguntó: "¿Cuáles son las experiencias y los problemas que tengo que aprender y dominar, de manera que lo que resulte sea alguien que está listo y es capaz de convertirse en un exitoso director general?".

Lo anterior significaba que Archibald estaba preparado para hacer algunas jugadas poco convencionales en los primeros años de su carrera, las cuales tal vez sus pares en la escuela de negocios podrían no haber entendido en apariencia. En lugar de aceptar trabajos o encargos que parecían una vía rápida hacia la suite C, eligió sus opciones intencionadamente por la experiencia que le proporcionarían.

"Nunca tomé una decisión con base en cuánto ganaba o por el prestigio —les dijo a mis estudiantes—. En cambio, siempre pensaba: ¿me va a dar la experiencia que necesito para llevarla a cabo?".

Su primer empleo después de salir de la escuela de negocios no fue un puesto glamuroso de consultor. En cambio, trabajó en el Norte de Quebec operando una mina de asbesto. Pensó que esa experiencia en particular, manejar y dirigir a personas en condiciones adversas, sería importante en su camino a la suite c. Y esta fue la primera de muchas decisiones parecidas que tomó.

La estrategia funcionó. No mucho después se convirtió en director general de Beatrice Foods. Y luego, a los cuarenta y dos años, logró un objetivo aún más elevado: fue nombrado director general de Black and Decker. Ocupó ese puesto durante veinticuatro años.

UN CURSO SOLO PARA CINCO JUGADORES

¿Esto significa que nunca debemos contratar o promover a un gerente inexperto que aún no ha aprendido a hacer lo que se requiere en su encomienda? La respuesta es: depende. En una *start-up* en la que no hay procesos establecidos para que se hagan las cosas, todo lo que se hace debe ser llevado a cabo por cada individuo —recursos—. En esta circunstancia sería riesgoso contratar a alguien sin ninguna experiencia para desempeñar el trabajo, porque ante la ausencia de procesos que pueden servir de guía, las personas experimentadas tienen que dirigir. Pero en empresas establecidas, en las que gran parte de la orientación de los empleados la proporcionan los procesos y depende menos de gerentes con una experiencia práctica y precisa, entonces tiene sentido contratar o promover a alguien que necesita aprender de la experiencia.

La utilidad de proporcionarle a las personas experiencia antes de que la necesiten se aplica en muchos otros campos además de los negocios. El entrenador de uno de mis equipos favoritos de basquetbol cuando era niño siempre estaba *motivado* a ganar, y a ganar en grande. Yo era uno de sus fanáticos más fieles y me apasionaba ver a mi equipo barrer a sus competidores por márgenes de treinta puntos. Me sabía los nombres de los cinco jugadores titulares. También me sabía uno o dos nombres de los suplentes, porque a veces entraban a jugar algunos minutos. Pero el resto de los jugadores me era desconocido, pues el entrenador dejaba jugar a los cinco mejores hasta el final, cuando tenía la seguridad de que ninguno haría que perdieran la amplia ventaja que tenían. Eso a menudo significaba que ganábamos por treinta y cinco puntos en vez de por veinticinco, y como niño que veneraba a ese equipo, no podía pedir más.

Los jugadores suplentes en ocasiones jugaban uno o dos minutos de tiempo basura, cuando no importaba lo que hiciera cualquiera. Mis amigos y yo nos referíamos a ellos como "reservas". De alguna manera pasaba por alto el hecho de que estos eran jugadores brillantes de uno de los mejores equipos del mundo, tan buenos que cientos de miles de otros buenos jugadores no habían podido hacerse un lugar en ese equipo.

No obstante, recuerdo un partido en particular en el que me di cuenta de las limitaciones del anhelo del entrenador por el triunfo en grande. Como siempre, habían llegado al final del campeonato. Pero ese año el equipo contra el que competían estaba jugando particularmente bien. Nuestro equipo tenía que trabajar más duro que nunca para alcanzar la ventaja que esperaba el entrenador. Para finales del tercer cuarto los abridores estaban exhaustos. Recuerdo que veía al entrenador por televisión. Recorría con la mirada toda la banca. Nunca se había molestado en hacer eso en los partidos normales hasta los últimos minutos del juego, cuando el riesgo ya no era alto. Esa vez, sin embargo, necesitaba meter a alguien al partido en ese momento crítico. Pero había un problema: no veía a nadie en la banca en quien confiara, porque nunca antes los había puesto en situaciones de aprieto en las cuales hubieran podido perfeccionar sus habilidades para actuar bajo presión. Así que tuvo que mantener en el juego a sus agotados abridores. Perdieron ese partido y el campeonato de liga.

La escuela de la experiencia del entrenador no ofrecía inscripciones abiertas al curso sobre "Cómo manejar la presión". Estaba cerrado para todos excepto para sus cinco abridores. Y el equipo pagó el precio.

ENVIAR A TUS HIJOS A LA ESCUELA CORRECTA

Al recapitular tu vida te apuesto que hiciste muchas visitas a varias escuelas de la experiencia, algunas —como el curso del equipo de basquetbol para manejar la presión— más dolorosas que otras. Por supuesto que será de mucha ayuda si puedes averiguar qué cursos será importante que domines *antes* de que los necesites.

Como padre puedes encontrar pequeñas oportunidades para que tu hijo tome cursos importantes de manera temprana. Estarás haciendo lo que hizo Nolan Archibald, averiguar qué cursos necesitará tu hijo para tener éxito, y después, mediante un proceso de ingeniería inversa, buscar las experiencias correctas. Aliéntalos a extenderse, a aspirar a objetivos elevados. Si no tienen éxito, asegúrate de estar ahí para ayudarlos a aprender la lección correcta: que cuando aspiras a alcanzar grandes cosas es inevitable que a veces no lo logres. Exhórtalos a que se levanten, se sacudan el polvo y vuelvan a intentarlo. Diles que si no fallan de vez en cuando entonces no están apuntando suficientemente alto. Todo el mundo sabe cómo celebrar el éxito, pero también debes celebrar el fracaso si es el resultado del esfuerzo de un niño por lograr una meta fuera de alcance.

Hacer esto puede ser difícil para los padres. Gran parte de la cultura de nuestra sociedad está enfocada en tratar de fomentar la autoestima en los niños nunca permitiendo que pierdan un juego, llenándolos de elogios cuando hacen su mejor esfuerzo, y recibiendo constante retroalimentación de maestros o entrenadores que nunca les exigen pensar en si pueden mejorar lo que hacen. Desde una edad muy temprana muchos de nuestros niños que practican deportes esperan medallas, trofeos o galones al final de una temporada solo por participar. Con los años estas medallas y premios acaban apilados en un rincón de la habitación y muy pronto pierden su importancia. No han aprendido realmente nada de ellos.

De alguna manera los premios son realmente para los padres; con frecuencia somos nosotros los que disfrutamos al máximo ver la acumulación de medallas y galones. Sin duda se siente mejor felicitar a nuestros niños por sus logros que consolarlos ante un fracaso. En realidad, es muy tentador para muchos padres intervenir para asegurarse de que su hijo siempre triunfe. Pero, ¿qué consiguen con eso?

Durante los años que trabajé con los Boy Scouts siempre quise que los chicos organizaran sus propias excursiones en lugar de que los padres intervinieran. Cuando tenían que hacerlo por ellos mismos aprendían a planear y organizar, a dividir responsabilidades, a comunicarse entre el grupo y a apreciar el trabajo que habían invertido en ello.

Sin duda hubiera sido más fácil permitir que los padres intervinieran y dividir las tareas en una "lista de pendientes" en cada excursión. Probablemente nos habríamos preparado de manera eficiente para cada eventualidad, y sin duda los chicos se hubieran divertido. Todo lo que hubieran tenido que hacer era presentarse. Pero les hubiéramos negado cursos importantes como liderazgo, organización y responsabilidad.

Tenemos muchas oportunidades para ayudar a nuestros hijos a tomar cursos en la vida, y no todos ellos son buenos. Por ejemplo, muchos padres se encuentran en una situación que probablemente ocurre a la hora de la cena en las casas de todo el mundo: un niño anuncia que al día siguiente tiene que presentar una tarea o un proyecto y que ni siquiera lo ha empezado a hacer. La calificación por ese trabajo es importante y nadie quiere que su hijo saque malas notas. Sobreviene el pánico.

¿Qué debe hacer un padre?

Muchos padres no solo se quedarán hasta tarde para ayudarle al niño a terminar el proyecto, sino que algunos incluso lo acabarán por él, con la esperanza de que obtenga una buena calificación. Toda clase de buenas intenciones se ponen en marcha: pueden tener la esperanza de que una buena nota le ayude al niño a conservar una saludable autoestima. Incluso pueden pensar: "Si termino esto en su lugar, por lo menos dormirá bien esta noche para que mañana pueda enfrentar los problemas de la escuela. Estoy ayudándole en este momento difícil. Estoy siendo un padre solidario".

Pero piensa en qué tipo de curso le acabas de dar a tu hijo con tu decisión de sacarlo de apuros. Le diste el curso de Cliffs Notes;[4] lo introdujiste en la experiencia de aprender cómo tomar atajos. Él pensará: "Mis padres estarán siempre ahí para resolverme los problemas difíciles. No tendré que hacerlo por mí mismo. Las buenas calificaciones importan más que hacer un buen trabajo".

¿Qué crees que ocurrirá la próxima vez que tu hijo se atrase en un proyecto? Anunciará a la hora de la cena que necesita ayuda. Y, otra vez, estarás terminándolo por él a las tres de la mañana.

Una decisión más valiente de los padres sería darle a ese niño un curso más difícil, pero más valioso en la vida. Permitir que el hijo vea las consecuencias de descuidar una tarea importante. Ya sea que se tenga que quedar hasta tarde para llevarla a cabo, o bien verá qué ocurre cuando no logre terminarla. Y sí, el niño sacará una mala nota. Eso puede ser aún más doloroso para los padres que para el hijo. Pero el niño probablemente no se sentirá bien por lo que permitió que ocurriera, que es la primera lección del curso de asumir la propia responsabilidad.

Cursos de ingeniería

Nuestros instintos predeterminados con frecuencia están solo para apoyar a nuestros hijos en un momento difícil. Pero si nuestros hijos no enfrentan retos difíciles y algunas

[4] Cliffs Notes son una serie de guías de estudio para estudiantes que presentan los trabajos resumidos en folletos o en línea. Los detractores de estas guías aducen que estas hacen que los estudiantes esquiven la lectura completa de los temas. La empresa que las edita alega que antes bien promueve la lectura, ya que estas no son un sustituto de ella. (N. de la T.).

veces fracasan en el camino, no desarrollarán la resiliencia que necesitarán a lo largo de sus vidas. Las personas que enfrentan su primer obstáculo en sus carreras después de años de logros ininterrumpidos, por lo general se derrumban.

Como padre no quieres que eso le ocurra a tu hijo. Deberás pensar conscientemente qué habilidades quieres que tu hijo desarrolle, y después qué experiencias tienen la probabilidad de ayudarlo a obtenerlas. Así que tendrás que pensar en oportunidades de ingeniería para que tu hijo adquiera las experiencias que crees que lo ayudarán a desarrollar las capacidades que necesita en la vida. Esto tal vez no resulte fácil, pero sí será valioso.

Hace poco una amiga se dio cuenta de que su hija de ocho años había más o menos plagiado la cubierta de un reporte escolar. Habló con ella cuidadosamente respecto a no creer que las palabras que le había dicho fueran suyas. "¿Qué significa 'llegar a un acuerdo con el padre que lo descuidó'?", cuestionó a su hija. Pero su hija no le respondió bien. "Está bien, mamá. No tiene importancia".

Esta madre sabía que el plagio es un asunto importante. Puede descarrilar una carrera prometedora en preparatoria o la universidad, por no mencionar arruinar por completo una carrera profesional. Así que decidió pedirle al maestro que la ayudara a crear una experiencia para su hija. Juntos idearon un momento que avergonzaría de manera privada y con suavidad a su hija cuando el maestro descubriera lo que había hecho. Lo que haya sido que el maestro le dijo, funcionó. Cuando, horas más tarde su hija regresó de la escuela ese día, solo se dirigió a la computadora para "editar" su informe, y el resultado fueron por completo sus propias palabras. No tan reflexivas ni tan bien escritas, pero eran suyas. Mi amiga le dio a su hija una valiosa experiencia

170

cuando el riesgo aún no era muy alto, con la esperanza de que evitar que algo similar ocurriera más tarde, cuando sin duda tendría mayor importancia.

Crear experiencias para tus hijos no garantiza que aprendan lo que necesitan aprender. Si eso no ocurre, tienes que averiguar por qué esa experiencia no lo logró. Tal vez tengas que explorar diferentes ideas hasta dar con la adecuada. Lo importante para un padre es, como siempre, nunca rendirse; nunca dejar de intentar que sus hijos tengan las experiencias apropiadas que los preparen para la vida.

Al igual que en el ejemplo de nuestros gerentes al principio de este capítulo, es tentador juzgar el éxito por un currículum, o por la puntuación de nuestros hijos. Pero mucho más importante a largo plazo es qué cursos han tomado nuestros hijos en su paso por diferentes escuelas de experiencia. Mucho más que un premio o un trofeo, esta es la mejor manera de equiparlos para el éxito al adentrarse en el mundo.

Los desafíos que enfrentan tus hijos tienen un propósito importante: les ayudarán a perfeccionar y desarrollar las capacidades necesarias para triunfar en sus vidas. Enfrentarse a un maestro difícil, fracasar en un deporte, aprender a navegar a través de las complejas estructuras sociales de las camarillas en la escuela: todo eso se convierte en "cursos" en la escuela de la experiencia. Sabemos que las personas que fracasan en sus trabajos con frecuencia lo hacen no porque sean inherentemente incapaces de triunfar, sino porque sus experiencias no las han preparado para los desafíos de ese trabajo; en otras palabras, han tomado los "cursos" equivocados.

La tendencia natural de muchos padres es enfocarse por completo a construir el currículum de sus hijos: buenas notas, éxitos deportivos, etcétera. Sin embargo, sería un error descuidar los cursos que tus hijos necesitan para equiparlos para el futuro. Una vez que has resuelto eso, trabaja hacia atrás: encuentra las experiencias correctas para ayudarlos a construir las habilidades que necesitarán para triunfar. Es uno de los regalos más grandes que les puedes hacer.

Capítulo nueve

La mano invisible al interior de tu familia

La mayoría de nosotros tenemos —o tuvimos— una imagen idílica de cómo serían nuestras familias. Los niños se comportarían, nos adorarían y respetarían, disfrutaríamos pasar tiempo juntos, y harían que nos sintiéramos orgullosos cuando salieran al mundo sin nosotros a su lado.

Y sin embargo, como cualquier padre con experiencia te diría, desear ese tipo de familia y tener en la realidad ese tipo de familia son dos cosas muy diferentes. Una de las herramientas más poderosas para cerrar la brecha entre la familia que deseamos y la familia que tenemos es la cultura. Necesitamos entender cómo funciona y estar preparados para recorrer un camino difícil para influir en su conformación.

Cuando el carruaje sube la colina

Como padres compartimos una preocupación común: un día nuestros hijos se enfrentarán a una decisión difícil... y no estaremos ahí para asegurarnos de que hagan lo correcto. Van a tomar un avión para ir a un país remoto con sus amigos. O en la universidad van a hacer trampa en un examen. Quizá se enfrenten al dilema de ser amables con un completo extraño, para hacer algo que marque una gran diferencia en la vida de esa persona. Todo lo que podemos hacer es esperar haberlos educado lo suficientemente bien para que lleguen a las conclusiones correctas por ellos mismos.

Pero he ahí la cuestión: ¿cómo nos aseguramos de que eso ocurra?

No es tan sencillo como establecer reglas en la familia y esperar lo mejor. Debe ocurrir algo más importante, y tiene que suceder años antes del momento en que nuestros hijos se enfrenten a una elección difícil. Es necesario que sus prioridades estén configuradas correctamente, de manera que sepan evaluar sus alternativas y hacer una buena elección. La mejor herramienta que tenemos para ayudar a nuestros hijos a hacer esto es la cultura que fomentamos en nuestras familias.

Las empresas y las familias son muy parecidas a este respecto. Así como tus padres quieren que tomes buenas decisiones, los dirigentes empresariales desean asegurarse de que los gerentes de nivel medio y los empleados hagan las elecciones correctas todos los días sin una supervisión constante. Esto no es nuevo: en la antigua Roma los emperadores enviaban a un representante a gobernar los territorios recién conquistados a miles de kilómetros de distancia.

Cuando los emperadores observaban que el carruaje subía la colina —sabiendo perfectamente bien que no volverían a ver a su representante durante años— necesitaban estar seguros de que las prioridades de su suplente eran consistentes con las suyas, y que este emplearía métodos comprobados y aceptados para resolver los problemas. La cultura era el único camino para asegurarse de que esto ocurriera.

¿CÓMO SE CONFORMA LA CULTURA EN UNA COMPAÑÍA?

Cultura. Es una palabra que escuchamos constantemente en el día a día, y muchos la asociamos con diferentes cosas. En el caso de una compañía, es común describir la cultura como los elementos visibles de un entorno de trabajo: viernes informales, refrescos gratis en la cafetería, o incluso que puedas llevar a tu perro a la oficina. Pero como explica Edgar Schein del Instituto Tecnológico de Massachusetts —un destacado estudioso de la cultura organizacional—, esas cosas no definen una cultura. Solo son elementos de ella. Una oficina que permite camisetas y *shorts* también puede ser un lugar muy jerárquico. ¿Esa seguiría siendo una cultura "informal"?

La cultura es mucho más que pautas o lineamientos de la dirección general. Schein define la cultura, y cómo se forma, en estos términos:

La cultura es una manera de trabajar conjuntamente para lograr objetivos comunes que se ha seguido con tanta frecuencia y de manera tan exitosa que las personas ni siquiera piensan en intentar hacer las cosas de forma diferente. Si una cultura se ha conformado, las personas harán autónomamente lo que necesitan hacer para ser exitosas.

Estas inclinaciones no se construyen de un día para otro. Más bien son el resultado de un aprendizaje compartido de los empleados que trabajan conjuntamente para resolver problemas y averiguar qué funciona. En cada organización hay una primera vez cuando surge el problema o el obstáculo. "¿Cómo manejamos esta queja de un consumidor?". "¿Debemos retrasar la introducción de este producto hasta que podamos realizar otra ronda de pruebas de calidad?". "¿Cuál de nuestros clientes es máxima prioridad?". "¿A qué reclamaciones les prestamos atención y cuáles ignoramos?". "¿'Suficientemente bien' es un nivel aceptable para decidir cuándo un producto nuevo está listo para enviarse?".

En cada etapa del surgimiento de un problema o de una tarea, los responsables tomaron una decisión respecto a qué hacer y cómo hacerlo con el propósito de salir adelante. Si esa decisión y la acción correspondiente resultaron en un desenlace satisfactorio —la calidad "suficientemente buena" del producto satisfizo al consumidor, por ejemplo—, la próxima vez que esos empleados se enfrenten a un problema similar, volverán sobre la misma decisión y la misma forma de resolver el problema. Si, por otro lado, esta fracasó —el cliente se puso furioso y el director reprendió a los empleados—, esos empleados dudarán mucho antes de volver a aplicar el mismo enfoque. Cada vez que los empleados enfrentan un problema no solo lo están resolviendo, están aprendiendo qué es lo que realmente importa. En el lenguaje de las capacidades de los capítulos anteriores, están creando una comprensión de las prioridades en el negocio y cómo llevarlas a cabo: los procesos. Una cultura es la combinación única de los procesos y las prioridades al interior de una organización.

En la medida en la que la forma que han elegido siga funcionando para resolver el problema —no necesita ser perfecta sino funcionar lo suficientemente bien—, la cultura se fusionará y se convertirá en una serie de reglas y directrices a las que los empleados de la compañía recurrirán al tomar las decisiones que están delante de ellos. Si estos paradigmas sobre cómo trabajar juntos y a qué se le debe dar prioridad se aplican con éxito una y otra vez, al final los empleados no se detendrán para preguntarse entre sí cómo deben trabajar juntos. Ellos solo *asumirán* que la manera en la que lo han estado haciendo es *la manera* de hacerlo. La ventaja de esto es que efectivamente hace que una organización se vuelva autogestionada. Los directores no necesitan ser omnipresentes para hacer cumplir las reglas. Las personas de manera instintiva hacen lo que se necesita hacer.

Hay muchos ejemplos de empresas con culturas poderosas.

Pixar, por ejemplo, que es conocida por sus películas para niños de gran creatividad y que son aclamadas por los críticos, como *Buscando a Nemo*, *Up: una aventura de altura* y *Toy Story*, sobre el papel podría no parecer muy diferente de otros estudios de animación. Pero Pixar ha desarrollado una cultura única.

Para empezar, su proceso *creativo* es muy diferente. Muchos estudios de cine tienen un departamento de desarrollo para encontrar ideas que después les dan a los directores para que hagan una película. Pero Pixar lo hace de manera distinta. En lugar de un grupo que genere ideas para después dárselas a los directores para que las ejecuten, Pixar reconoce que los directores están naturalmente más motivados a crear sus propias ideas, así que se enfoca en ayudar a los directores a que las perfeccionen. El equipo de desarrollo de Pixar contribuye continuamente para que se construya una idea, y esto se hace para todo filme que esté en progreso en la compañía. Ese proceso incluye una retroalimentación sin restricciones de parte de la gente que no está involucrada en la realización de cada película. Estas pueden llegar a ser sesiones brutalmente sinceras. Sin embargo, los empleados de Pixar han llegado a respetar esa sinceridad porque todos están de acuerdo respecto al mismo objetivo: hacer películas originales y de alta calidad. Esa es la *prioridad*. Se valora la retroalimentación descarnada porque contribuye a hacer mejores películas.

Estos procesos y prioridades se han fusionado en la cultura creativa de Pixar. Puesto que trabajar de esta manera película tras película ha sido tan exitoso, la cultura ha cristalizado y ahora las personas no sienten que deban contenerse de criticar un argumento porque podría descarrilar el cronograma. Saben que es más importante producir una gran película.

Esto no significa que la manera en la que trabajan en Pixar deba ser la misma para cada compañía de la industria cinematográfica. Más bien, solo podemos decir que la gente de Pixar ha empleado esta manera de trabajar de forma muy exitosa año tras año. Ahora los empleados ni siquiera tienen que preguntar cómo comportarse, cómo tomar decisiones, cómo hacer esta concesión en lugar de esta otra. En muchas formas Pixar se ha convertido en una empresa autogestionada gracias a su cultura. La dirección no necesita sumergirse en los detalles de cada decisión porque la cultura —casi como un representante de la dirección— está presente en los detalles de cada decisión.

En la medida en que los entornos competitivo y tecnológico de la compañía permanezcan como hasta ahora, la fortaleza de su cultura es una bendición. No obstante, si el entorno cambia sustancialmente, entonces la fuerza de la cultura dificultará que las cosas también cambien.

La formulación de Schein sobre cómo se crea la cultura permite a los ejecutivos concebir una cultura para su organización a condición de que sigan las reglas. Empieza con la definición de un problema que se repite una y otra vez. Después se debe pedir a un grupo de personas que imaginen cómo resolverlo. Si fracasan se les debe pedir que busquen una mejor manera para hacerlo. Sin embargo, una vez que lo logran, los directores necesitan pedirle al mismo equipo que resuelva el problema cada vez que este se repita. Cuantas más veces resuelvan el problema exitosamente, se vuelve más instintivo hacerlo de la manera que concibieron. En cualquier organización la cultura se conforma por medio de la repetición. Esa forma de hacer las cosas se convierte en la cultura del grupo.

Muchas compañías están conscientes del valor de modelar de manera firme su cultura, de forma que esta, y no los directores, haga que sucedan las cosas adecuadas. Una vez que se ha demostrado que funciona, la ponen por escrito y hablan de ella con tanta frecuencia como pueden. Netflix, por ejemplo, invirtió una gran cantidad de tiempo definiendo y poniendo por escrito su cultura, la que tal vez no se adapte a todos. No solo está a disposición de los empleados, también se puede consultar en línea. Esta incluye:

- *No hay política sobre vacaciones: toma las más que quieras, siempre y cuando estés realizando un gran trabajo y cumpliendo con tus responsabilidades.*

- *Solo empleados "sobresalientes": realizar un trabajo "adecuado" te conduce a una generosa indemnización*

*por despido para que la compañía pueda contratar a un
jugador de grandes ligas en tu lugar.*

- *"Libertad y responsabilidad"* vs. *mando y control: los
buenos directores proveen a sus empleados del contexto apropiado para tomar decisiones, y después los empleados toman las decisiones.*

Pero la dirección no puede solo dedicar su tiempo a comunicar qué es la cultura, también debe tomar decisiones que
estén en total consonancia con ella. Mientras que Netflix se
construyó una temprana reputación al hacerlo, no es poco común ver que una empresa publica un documento sobre cultura y después fracasa completamente para ponerla en práctica.

Abundan los ejemplos famosos. Enron tenía un comuni-
cado titulado *Visión y valores*. Su objetivo era conducirse de
acuerdo con cuatro Valores (cada uno empezaba con ma-
yúsculas): Respeto, Integridad, Comunicación y Excelencia.
Por ejemplo, Respeto tenía la siguiente precisión (según in-
formó *New York Times*): "Tratamos a los demás como nos
gustaría ser tratados. No toleramos un trato ofensivo o irres-
petuoso. La ausencia de compasión, la insensibilidad y la
arrogancia no pertenecen aquí".

Claramente, de principio a fin Enron no practicaba los
valores que propugnaba. Si no articulas una cultura —o la
articulas pero no la haces cumplir—, de todas formas una
cultura va a aflorar. Sin embargo, se va a fundar en los procesos y las prioridades que se han repetido al interior de la
organización y han funcionado.

Se puede conocer la salud de una compañía preguntando: "Cuando se enfrentan a una alternativa de cómo hacer algo, ¿los empleados toman la decisión que la cultura

'deseaba' que tomaran? ¿Y la retroalimentación que recibieron fue consistente con ella?". Si estos elementos no se manejan de manera activa, entonces una sola mala decisión o un mal resultado pueden fácilmente desviar a la cultura de la empresa por el camino equivocado.

Esta es la manera en la que nuestra familia se comporta

El paralelismo entre un negocio y una familia debe ser evidente. Al igual que un gerente que quiere contar con sus empleados utilizando las prioridades correctas para resolver problemas, los padres también quieren establecer esas prioridades, de tal manera que los miembros de la familia resuelvan problemas y enfrenten disyuntivas en forma instintiva, ya sea que los padres estén o no presentes para guiar y observar. Los niños no se van a detener a pensar en lo que mamá o papá quieren que hagan, solo lo harán porque su cultura familiar les dicta: "Esta es la manera en la que nuestra familia se comporta".

Una cultura se puede construir de manera consciente o desarrollarse inadvertidamente. Si deseas que tu familia posea una cultura con un claro conjunto de prioridades que todos cumplan, entonces dichas prioridades deben ser diseñadas de manera activa en la cultura, que puede construirse siguiendo los pasos mencionados arriba. Debe moldearse de la manera que quieres que sea en tu familia, y tienes que pensar en ello tempranamente. Si quieres que tu familia tenga la cultura de la bondad, entonces la primera vez que uno de tus hijos enfrente un problema en el que la bondad sea una alternativa, ayúdalo a elegirla, y después ayúdalo a triunfar por medio de la bondad. Y si no la elige exhórtalo a que lo haga y explícale por qué debió hacerlo.

Esto no significa que nada de esto sea fácil. Primero, llegas a una familia con la cultura de la familia en la que cre-
ciste. Hay muchas probabilidades de que la cultura de la
familia de tu cónyuge haya sido completamente diferente
de la tuya. El solo hecho de que ambos estén de acuerdo
sobre algo ya es un milagro. Después añade a los hijos a la
ecuación; ellos nacen con su propias actitudes y su propio
cableado. Sí, va a ser difícil, pero es exactamente por eso
que es tan importante entender qué tipo de cultura deseas
y perseguirla enérgicamente.

Cuando estábamos recién comprometidos, mi esposa
Christine y yo empezamos con un objetivo en mente: una
cultura familiar específica. No pensábamos en ella en términos de cultura, pero eso era lo que estábamos haciendo.
Decidimos de manera deliberada que queríamos que nuestros hijos se amaran y se apoyaran unos a otros. Decidimos
que queríamos que nuestros hijos tuvieran el instinto de amar
a Dios. Decidimos que queríamos que fueran bondadosos. Y
por último decidimos que queríamos que amaran el trabajo.

La cultura que escogimos es la adecuada para nuestra
familia, pero cada familia debería elegir la cultura correcta para ella. Lo que importa es escoger con ahínco lo que
es esencial para ti, y después diseñar la cultura para reforzar esos elementos, como muestra la teoría de Schein. Ello
implica elegir qué actividades buscamos y qué resultados
debemos alcanzar para que, como familia, cuando tengamos que llevar a cabo dichas actividades otra vez pense-
mos: "Así es como lo hacemos".

En nuestro caso, por ejemplo, sabíamos que no podíamos simplemente ordenarles a nuestros hijos que amaran
el trabajo. En cambio, siempre tratamos de encontrar formas para que los chicos trabajaran con nosotros y que fuera

divertido. Por ejemplo, yo nunca trabajaba en el jardín a menos de que tuviera a uno —y a veces a dos— de los chicos colgados de la podadora. Durante mucho tiempo no ayudaban realmente. Empujar una podadora con niños colgados de ella y que difícilmente tocaba el piso no facilitaba el trabajo. Pero eso no importaba. Lo que realmente importaba era que nos permitía definir el trabajo para ellos como algo bueno. Lo hacíamos juntos. Por definición era divertido. Y yo me aseguraba de que supieran que estaban ayudando a papá, ayudando a la familia.

En poco tiempo este valor se arraigó en la cultura de nuestra familia; pero no fue mágicamente o por buena suerte. Se logró diseñando cuidadosamente las actividades y llevando a cabo cosas sencillas como podar el pasto juntos. Tratamos de ser consistentes sobre eso; nos aseguramos de que los chicos supieran por qué lo estábamos haciendo y siempre les dimos las gracias.

Es por esta razón por la que, cuando veo a mi familia en retrospectiva, me siento realmente contento de no haber tenido el suficiente dinero para comprar una casa perfectamente acabada cuando nuestros hijos eran pequeños. Estiramos nuestro presupuesto hasta el límite para comprar aquella primera casa desvencijada, cuyas reparaciones después no pudimos costear. Los niños y yo hacíamos todo lo que se necesitaba. Ahora, muchas personas lo considerarían una tarea exhaustiva.

Pero sin darnos cuenta habíamos trasladado a nuestra familia a un ambiente rico en oportunidades para que trabajáramos juntos. Por muy tentador que hubiera sido no podíamos contratar a nadie porque sencillamente no podíamos costearlo. Eso significaba que no había un muro o techo que hubiera sido derribado, reconstruido, reparado o pintado sin la ayuda de nuestros hijos. Aplicamos el mismo principio que a la poda del pasto: hacerlo divertido y siempre darles las gracias. Pero en este caso había un refuerzo positivo adicional: cada vez que los chicos entraban a cualquier habitación de la casa, veían el muro y decían: "Yo pinté esa pared". O "Yo la pulí". Y no solo recordaban lo divertido que había sido hacerlo juntos, sino que se sentían orgullosos de ver lo que habían logrado. Aprendieron a amar el trabajo.

Al resolver los problemas que implicaba arreglar nuestra casa juntos estábamos construyendo la cultura de la familia Christensen. Hacerlo juntos una y otra vez nos condujo a una comprensión mutua de a qué cosas les damos prioridad, cómo resolvemos los problemas y qué es lo que realmente importa.

No te equivoques: una cultura se produce ya sea que quieras o no. La única pregunta es qué tanto vas a tratar de influir en ella. Conformar una cultura no es instantáneo; no es algo sobre lo que puedas decidir, comunicar y después esperar que de pronto trabaje por sí sola. Debes tener la seguridad de que cuando le pidas a tus hijos que hagan algo, o le digas a tu cónyuge que vas a hacer algo, te empeñes en ello y sigas adelante. Suena obvio: la mayor parte de nosotros queremos ser consistentes. Pero con las presiones del día a día eso puede resultar difícil. Habrá muchos días en los que hacer cumplir las reglas sea más difícil para un padre que para su hijo. A pesar de sus buenas intenciones, para muchos padres exhaustos es difícil desde el principio ser consistentes con las reglas que ellos mismos establecieron, e inadvertidamente permiten que una cultura de pereza o rebeldía se infiltre en su familia.

Los hijos pueden sentir que tienen "éxito" en el corto plazo al obtener lo que desean al pegarle a un hermano o respondiéndole a uno de los padres que finalmente cede ante una exigencia irrazonable. Los padres que permiten que una conducta tal se deslice están prácticamente construyendo una cultura familiar al enseñarle a su hijo que esa es la manera en la que el mundo funciona, y que pueden conseguir sus objetivos de la misma forma cada vez.

Se debe trabajar conscientemente durante la época en la que tus hijos son jóvenes para ayudarlos a ver el "éxito" en las cosas que deseas que formen parte de tu cultura. Por ejemplo: cuando uno de nuestros hijos era muy pequeño supimos que los niños de su clase estaban acosando a otro niño de la escuela y que nadie estaba haciendo nada para detenerlos. La bondad había sido una de nuestras metas, pero aún no se había convertido en parte de nuestra cultura. Y se nos ocurrió un nuevo lema familiar: "Queremos que a los Christensen se les conozca por su bondad". Lo trabajamos en nuestras conversaciones, y en particular le enseñamos a nuestro hijo cómo podía ayudar al compañero que había sido acosado. Lo llenamos de elogios cuando ayudó a su compañero, así como a cualquiera de nuestros hijos cuando demostraban bondad hacia otros. La hicimos parte de nuestra cultura.

Con el tiempo esto tuvo el efecto que deseábamos. Cada uno de nuestros hijos se volvió un hombre o una mujer verdaderamente bondadosos. Dondequiera que estén, en cualquier rincón del mundo, no me preocupo por lo que harán cuando se vean ante un problema. El primer pensamiento será: "Queremos que los Christensen sean conocidos por su bondad".

Otra vez, nuestras elecciones de una cultura familiar no son necesariamente las correctas para todo el mundo. Lo que es importante entender es cómo se construye la cultura para que tengas la oportunidad de crear la cultura que *tú* quieres. Al reflexionar sobre esto podría ayudar recordar el proceso mediante el cual se define la estrategia. Hay planes deliberados y problemas y oportunidades emergentes. Estos compiten entre ellos por el proceso de asignación de recursos, para que establezcamos cuál recibe nuestras mayores prioridades de tiempo, energía y talento. Yo observé que, en mi caso, mi profesión afloró. Mi plan deliberado de convertirme en editor del *Wall Street Journal* fue hecho a un lado cuando surgieron otras oportunidades, incluyendo mi actual profesión de maestro. No obstante, agradezco no haber permitido que la persona en la que me quería convertir hubiera sido dejada al azar. Hubo una decisión deliberada.

Debes abordar la creación de la cultura para tu familia en términos similares. La búsqueda profesional y los intereses de tus hijos tienen que salir a flote y muy probablemente serán muy diferentes entre sí. La cultura de tu familia debe acoger esa diversidad. Pero recomiendo que en las dimensiones fundamentales de la cultura de tu familia haya uniformidad. Hacer esto bien resultará ser una fuente de felicidad y orgullo para cada uno de ustedes.

Hacer esto requiere de una vigilancia constante respecto a lo que está bien y lo que está mal. Imagina que cada acción que lleve a cabo un miembro de la familia ocurrirá todo el tiempo. ¿Es eso correcto? Incluso algo tan simple como una pelea entre tus dos hijos que tú no viste. Cuando uno de ellos llega corriendo hacia ti bañado en lágrimas, ¿cómo respondes? ¿Automáticamente castigas al otro? ¿Le dices algo al que está llorando para quitártelo de encima? ¿Los llamas a los dos juntos y los castigas? ¿Les dices que tú no vas a intervenir? Si cualquier solución que tomes parece funcionar, entonces cada vez que tus hijos vayan a ti con el mismo problema van a saber qué ocurrirá. Empezarán a aprender las consecuencias de pelearse entre ellos. Si eres consistente, entonces incluso cuando estén en casa de un amigo ese es el comportamiento que llevarán con ellos.

¿Y si no lo eres? Para cuando muchos padres llegan a la madurez con hijos adolescentes caen en la cuenta de que permitieron que uno de sus más importantes trabajos pasara desapercibido. Al dejarlo sin control el tiempo suficiente, "un par de veces" muy pronto se convierte en cultura. Puesto que estos comportamientos se incrustan en la cultura familiar, se vuelven muy difíciles de modificar.

Todos los padres aspiran a criar niños que hagan las elecciones correctas, incluso cuando ellos no estén ahí para supervisarlas. Una de las maneras más efectivas para llevar a cabo esto es construyendo la cultura familiar correcta. Esta se convierte en un poderoso conjunto de normas sobre el comportamiento de tu familia.

Cuando las personas trabajan juntas repetidamente para resolver problemas, las normas se empiezan a conformar. Lo mismo es verdad para tu familia: cuando se enfrentan por primera vez a un problema o necesitan llevar a cabo algo juntos, tendrás que encontrar una solución.

No se trata solo de controlar el mal comportamiento, se trata de celebrar lo bueno. ¿Qué es lo que tu familia valora? ¿La creatividad? ¿El trabajo duro? ¿El espíritu emprendedor? ¿La generosidad? ¿La humildad? ¿Qué saben los niños que tienen que hacer para que sus padres les digan: "¡Bien hecho!"?

Esto es lo poderoso de la cultura. Es como un piloto automático. Lo que es fundamental entender es que para que sea una fuerza efectiva tienes que programar adecuadamente el piloto automático; tienes que construir la cultura que deseas en tu familia. Si no la construyes conscientemente y la refuerzas desde las primeras etapas de tu vida familiar, de todos modos se conformará una cultura, pero lo hará en modos que tal vez no te gusten. El permitir a tus hijos que tengan comportamientos perezosos o irrespetuosos unas veces, detonará el proceso de hacer de estos comportamientos la cultura de tu familia. Lo mismo ocurrirá si les dices que estás orgulloso de ellos cuando han trabajado duro para resolver un problema. A pesar de que es difícil para un padre siempre ser consistente y recordar darles a sus hijos retroalimentación positiva cuando hacen algo correctamente, es en estas interacciones diarias donde tu cultura se está constituyendo. Y una vez que esto ocurre es casi imposible cambiarla.

SECCIÓN III

Mantenerse fuera
de la cárcel

*El camino más seguro al infierno es gra-
dual —la pendiente suave, el suelo blando,
sin vueltas repentinas, sin acontecimientos importantes, sin señales.*

C. S. Lewis

HASTA ESTE PUNTO TE HE OFRECIDO UNA SERIE DE TEORÍAS PARA ayudarte a abordar los retos que enfrentarás en la búsqueda de felicidad en tu carrera y en tu vida.

Pero en esta última sección solo quiero recurrir a una teoría para hablar sobre vivir una vida íntegra. En muchos aspectos es así de sencillo. Esta sección es intencionadamente corta, pero creo que es poderosa y universalmente aplicable por igual.

No puedo prever todas las circunstancias y los dilemas morales a los que te enfrentarás en tu vida. Tu vida será diferente de la de todos los demás. Lo que expongo aquí es una teoría llamada "pensamiento pleno vs. pensamiento marginal", que te ayudará a responder a nuestra pregunta final: ¿cómo puedo estar seguro de vivir una vida íntegra?

Capítulo diez

Solo por esta vez...

*Muchos de nosotros pensamos que la decisiones
éticas más importantes de nuestra vida llegarán
con un parpadeante letrero rojo de neón. PRE-
CAUCIÓN: DECISIÓN IMPORTANTE MÁS ADELANTE.
Sin importar lo ocupados que estemos o cuáles
puedan ser las consecuencias, casi todos confia-
mos en que en esos momentos de la verdad, él o
ella harán lo correcto. Después de todo, ¿cuántas
personas conoces que creen que no son íntegras?*

*El problema radica en que la vida muy po-
cas veces funciona de esa manera. Viene sin señales de advertencia. En cambio, la mayoría de
nosotros enfrentaremos una serie de decisiones
pequeñas y cotidianas que muy pocas veces parecen ser de alto riesgo, pero que con el tiempo
pueden evolucionar de manera más drástica.*

*En las empresas ocurre exactamente lo mis-
mo. Ninguna compañía se establece para dejarse
superar deliberadamente por sus competidores.
Más bien son decisiones aparentemente inocuas
que se tomaron muchos años antes las que las
condujeron por el camino equivocado. En este*

capítulo se explicará cómo ocurre ese proceso
para que puedas evitar caer en la trampa más se-
ductora de todas.

LA TRAMPA DEL PENSAMIENTO MARGINAL

A fines de la década de los noventa del siglo pasado Blockbuster dominaba la industria del alquiler de películas en Estados Unidos. Tenía tiendas en todo el país, una significativa ventaja de tamaño y lo que parecía ser un control absoluto del mercado. Blockbuster hizo grandes inversiones en su inventario para todas sus tiendas. Pero, obviamente, no ganaba dinero de las películas que estaban en sus anaqueles; solo cuando un cliente la alquilaba y un empleado escaneaba la película que salía de la tienda era cuando Blockbuster lograba algo. Por lo tanto, necesitaba que el cliente viera la película rápidamente, y la devolviera también rápidamente, para que el empleado pudiera alquilar el mismo DVD a diferentes clientes una y otra vez. Para incitar a sus clientes a que devolvieron los DVD rápidamente, la empresa aplicaba importantes multas por cada día que el cliente se atrasaba en la entrega. Si Blockbuster no lo hubiera hecho así no habría ganado dinero, porque entonces el DVD hubiera estado reposando en la casa del cliente en lugar de ser alquilado. No le tomó mucho tiempo a Blockbuster descubrir que a las personas no les gustaba devolver las películas, por lo que incrementó los cargos por demora tanto que los analistas calculaban que 70 por ciento de las utilidades de Blockbuster provenían de dichas multas.

Con este telón de fondo, en la década de los noventa del siglo pasado una pequeña advenediza llamada Netflix surgió con una idea novedosa: en lugar de hacer que las personas vayan a la tienda de videos, ¿por qué no se los enviamos por correo? El modelo de negocios de Netflix generó beneficios justo del modo opuesto a Blockbuster. Los clientes de Netflix pagaban una cuota mensual, y la compañía hacía dinero cuando los clientes *no* veían los DVD que habían ordenado. Mientras que los DVD reposaban en las casas de los clientes sin ser vistos por ellos, Netflix no tenía que pagar gastos de devolución, o enviar la siguiente tanda de películas por la que el cliente ya había pagado la cuota mensual.

Era una jugada audaz: Netflix era por antonomasia David enfrentándose al Goliat de la industria del alquiler de películas. Blockbuster tenía miles de millones de dólares en activos, decenas de miles de empleados y el cien por ciento de reconocimiento de marca. Si Blockbuster decidía ir tras este naciente mercado, habría tenido los recursos para hacerle la vida imposible a la pequeña *start-up*.

Pero no lo hizo.

Para 2002 la naciente empresa empezó a dar muestras de potencial. Tenía 150 millones de dólares de ingresos y un margen de utilidad de 36 por ciento. Los inversionistas de Blockbuster se empezaron a poner nerviosos: claramente había algo en lo que Netflix estaba haciendo. Muchos presionaron al titular para que examinara detenidamente el mercado.

Y así lo hizo Blockbuster. Cuando compararon los números de Netflix con los propios, la dirección concluyó: "¿Por qué molestarnos?". El mercado que Netflix buscaba era más pequeño; podría ser más grande, pero no estaba claro cuán grande. No obstante, lo que fue más preocupante para la dirección de Blockbuster fue que las ganancias marginales de Netflix eran sustancialmente menores a las que Blockbuster estaba acostumbrado. Y si este último decidía atacar a Netflix y triunfaba, dichos esfuerzos muy probablemente canibalizarían las ventas de sus rentables tiendas. "Por supuesto que estamos atentos a cualquier manera en la que las personas consiguen entretenimiento en sus casas. Siempre vemos todos esos aspectos", fue la respuesta de un portavoz de Blockbuster sobre esas inquietudes durante una conferencia de prensa celebrada en 2002. "No hemos visto un modelo de negocios que sea financieramente viable en el largo plazo en este campo. Los servicios de renta en línea están atendiendo un 'nicho del mercado'".

Por otro lado, Netflix pensaba que este mercado era fantástico. No tenía necesidad de compararlo con un negocio existente y lucrativo: su parámetro era ningún beneficio y ningún negocio en absoluto. Comparado con eso, Netflix estaba muy contento con sus márgenes relativamente bajos y su "nicho de mercado".

Entonces, ¿quién tenía la razón?

Para 2011 Netflix tenía casi 24 millones de clientes. ¿Y Blockbuster? Se había declarado en quiebra el año anterior.

Blockbuster siguió un principio que se enseña en todo curso sobre finanzas y economía: que al evaluar inversiones alternativas debemos ignorar costos irrecuperables y fijos (costos que ya se han realizado), y en cambio basar las decisiones en los costos e ingresos marginales (los nuevos costos e ingresos) que cada alternativa supone.

Pero esta es una forma de pensar peligrosa. Casi siempre estos análisis muestran que los costos marginales son más bajos y que las ganancias marginales son más altas que el costo total. Esta doctrina sesga a las compañías a impulsar lo que han puesto en funcionamiento para triunfar en el pasado, en lugar de orientarlas a la creación de las capacidades que necesitarán en el futuro. Si supiéramos que el futuro será exactamente igual que el pasado, ese enfoque sería correcto. Pero si el futuro es diferente —y casi siempre lo es—, entonces es un error hacerlo.

Blockbuster analizó el negocio postal de DVD usando una perspectiva marginal: solo lo podía ver desde el punto de vista de su propio negocio. Y desde esa perspectiva, el mercado que Netflix perseguía no era nada atractivo. Peor aún, si Blockbuster tenía éxito al ir tras Netflix, era muy probable que este nuevo negocio matara al ya existente de Blockbuster. Ningún director ejecutivo desea decirles a los accionistas que quiere invertir para crear un nuevo negocio que va a ser el responsable de la muerte del ya existente, especialmente si es menos rentable. ¿Quién apostaría por eso?

Por otro lado, Netflix no tenía ninguna de esas preocupaciones. No había nada que lo abrumara; no había pensamiento marginal. Evaluó la oportunidad utilizando una hoja de papel completamente en blanco. No se tenía que preocupar por sostener las tiendas existentes o por apuntalar los márgenes existentes; no tenía ninguno. Todo lo que Netflix vio fue una enorme oportunidad… exactamente la misma oportunidad que Blockbuster debió haber visto, pero no pudo.

El pensamiento marginal hizo que Blockbuster creyera que la alternativa a no perseguir el mercado postal del DVD era continuar haciendo alegremente lo que estaba haciendo antes, con márgenes de 66 por ciento y miles de millones de dólares de ingresos. Pero la alternativa real a no ir tras Netflix era, en realidad, la bancarrota. La manera correcta de considerar este nuevo mercado no era pensar:

"¿Cómo podemos proteger nuestro negocio?". En cambio, Blockbuster debió haber pensado: "Si no tuviéramos un negocio ya existente, ¿cuál sería la mejor manera para erigir uno nuevo? ¿Cuál sería la mejor manera de servir a nuestros clientes?". Blockbuster no se atrevió a hacerlo, y Netflix lo hizo en su lugar. Y cuando en 2010 Blockbuster se declaró en quiebra, el negocio existente que había estado tan dispuesto a preservar utilizando una estrategia marginal, de todos modos se perdió.

Así es como casi siempre esto se desarrolla. Debido a que el fracaso a menudo se encuentra al final del camino de un pensamiento marginal, acabamos pagando el costo total de nuestras decisiones y no los costos marginales, nos guste o no.

DE TODOS MODOS ACABAS PAGANDO EL PRECIO TOTAL

Otro de los más famosos ejemplos del poder destructivo del pensamiento marginal es la industria del acero. U.S. Steel, uno de los productores de acero más importantes, había estado observando que su competidor, Nucor Steel, estaba encontrando mercados de nivel más bajo en la industria acerera. Nucor había logrado un margen en este mercado utilizando tecnología de menor costo que la que empleaban los fabricantes tradicionales, en unas nuevas plantas llamadas "miniacerías".

Cuando Nucor empezó a comerse el mercado de U.S. Steel, un grupo de ingenieros de la empresa se reunieron y concluyeron que para que la empresa sobreviviera tenía que construir el tipo de miniacerías que tenía Nucor. De esa manera podría fabricar productos de acero a un costo mucho menor para seguir siendo competitivo con Nucor. Así, los ingenieros elaboraron un plan de negocios que mostraba que la utilidad por tonelada de U.S. Steel se incrementaría seis veces en la nueva planta.

Todo mundo estuvo de acuerdo en que este era un plan prometedor... todos menos el director financiero. Cuando vio que el plan comprendía gastar dinero en construir nuevas plantas metió el freno. "¿Por qué debemos construir nuevas plantas? Tenemos una capacidad excedente de 30 por ciento en las plantas existentes. Si quieren vender una tonelada extra de acero, fabríquenla en las plantas que ya existen. El costo marginal de producir una tonelada adicional en las plantas que tenemos es tan bajo que la utilidad marginal es cuatro veces mayor que si construimos una miniacería totalmente nueva".

El director financiero cometió el error del pensamiento marginal. No vio que al utilizar la planta ya existente no estaban modificando en absoluto su costo fundamental de fabricación de acero. Construir una planta completamente nueva hubiera tenido un costo inicial, pero en el futuro le hubiera proporcionado a la compañía una capacidad nueva e importante.

Estos estudios de caso me ayudaron a resolver una paradoja que ha surgido repetidamente en mis intentos de ayudar a las compañías establecidas que se confrontan con competidores destructivos —como fue el caso de Blockbuster y de U.S. Steel—. Una vez que sus ejecutivos comprendían el peligro que representaban los atacantes disruptivos, yo les decía: "Muy bien. Ahora el problema es que su fuerza de ventas no va a ser capaz de vender esos productos disruptivos. Deben venderse a clientes diferentes, para propósitos diferentes. Necesitan crear un equipo de ventas diferente".

Inevitablemente me respondían: "Clay, eres un ingenuo. No tienes idea de lo que cuesta crear un nuevo equipo de ventas. Necesitamos aprovechar el equipo que ya tenemos".

O podía decirles: "¿Conoces esa marca tuya? No va a funcionar en este nuevo producto disruptivo. Necesitas desarrollar una nueva marca".

Su respuesta era la misma: "Clay, no tienes idea de lo caro que es crear una nueva marca desde cero. Necesitamos aprovechar una de nuestras marcas ya existentes".

El lenguaje de los atacantes disruptivos era completamente diferente: "Es hora de crear una fuerza de ventas" y "Es momento de desarrollar una nueva marca".

De ahí la paradoja: ¿Por qué las empresas grandes, establecidas, que tienen tanto capital, encuentran estas iniciativas tan costosas? ¿Y por qué los competidores pequeños con mucho menos capital las encuentran tan sencillas?

La respuesta radica en la teoría de costos marginales *vs.* costos totales. Cada vez que un ejecutivo de una compañía establecida tiene que decidir una inversión, hay dos alternativas en el menú. La primera es el costo total de hacer algo completamente nuevo. La segunda es aprovechar lo que ya existe, de manera que solo necesitas contraer el costo marginal y la ganancia. Casi siempre el argumento del costo marginal arrolla al costo total. En cambio, para el competidor en el menú no hay un apartado de costo marginal. Si tiene sentido, entonces te inclinas por la alternativa del costo total. En realidad, puesto que son nuevos en la escena, el costo total *es* el costo marginal.

Cuando hay competencia, y esta teoría provoca que compañías establecidas sigan usando lo que ya tienen, pagan mucho más que el costo total porque la empresa pierde su competitividad.

Como alguna vez dijo Henry Ford: "Si necesitas una máquina y no la compras, en última instancia caerás en la cuenta de que pagaste por ella y no la tienes".

Pensar sobre una base marginal puede ser muy, muy peligroso.

Un torrente inagotable de circunstancias atenuantes

Este argumento del costo marginal se aplica de la misma forma al elegir bien o mal: se refiere a la tercera pregunta que planteé a mis alumnos sobre cómo vivir una vida íntegra y mantenerse alejado de la cárcel. El costo marginal de hacer algo "solo por una vez" siempre parece ser insignificante, pero el costo total por lo general será *mucho* más alto. Con todo, inconscientemente utilizaremos de manera natural la doctrina del costo marginal en nuestras vidas personales. Una voz en nuestra cabeza nos dice: "Mira, sé que es una regla general, la mayor parte de las personas no debe hacerlo. Pero en esta particular circunstancia atenuante, solo por esta vez, está bien". Y la voz parece tener la razón; el precio de hacer algo incorrecto "solo por esta vez" generalmente parece seductoramente bajo. Te succiona y no ves adónde conduce ese camino finalmente, o el costo total que esa elección supone.

Los años recientes nos han ofrecido muchos ejemplos de personas que eran sumamente respetadas por sus colegas y amigos que cayeron en desgracia porque cometieron ese error. La esfera política está plagada de ejemplos de personas que estaban en la cima y que se les pescó haciendo algo que nunca hubiera cruzado su mente cuando decidieron que querían servir a su país. Escándalos sobre abuso de información privilegiada han sacudido a casi cada generación de gigantes de Wall Street. A atletas que han sido admirados por los jóvenes de todo el mundo se les ha descubierto usando esteroides o exhibiendo una conducta personal escandalosa, a veces echando por la borda sus carreras. A algunos atletas olímpicos se les ha despojado de sus títulos y han tenido que devolver sus medallas. Se ha descubierto a periodistas de grandes diarios nacionales fabricando escandalosamente detalles en sus artículos ante las expectativas y presiones por las grandes historias. Todas esas personas sin duda empezaron sus carreras con una verdadera pasión por lo que estaban haciendo. Ningún atleta joven en ciernes imagina que él o ella necesitará encontrar formas de hacer trampa para mantenerse en la cima. Los atletas creen que pueden trabajar muy duro para alcanzar el éxito. Pero entonces se encuentran con la primera oportunidad de probar algo que podría darles ventaja.

Solo por esta vez…

Nick Leeson, el famoso operador de veintiséis años que en 1995 hundió el banco mercantil británico Barings después de acumular 1.3 billones de pérdidas comerciales antes de que fueran detectadas, padeció exactamente ese destino y habla con elocuencia acerca de cómo el pensamiento marginal lo condujo por un camino impensable. En retrospectiva, todo empezó con un pequeño paso: un error relativamente pequeño. Pero él no quiso admitirlo. En cambio, lo cubrió al ocultar la pérdida en una cuenta de operaciones poco examinada.

Eso lo hundió más y más en un camino de engaño. Hizo una serie de apuestas con el fin de saldar las deudas, pero en vez de finiquitarlas empeoró el problema. Mintió para cubrir mentiras; falsificó documentos; confundió a los auditores e hizo declaraciones falsas para tratar de ocultar las pérdidas que iban en aumento.

Finalmente llegó el momento del ajuste de cuentas. Huyó de su hogar en Singapur y fue detenido en el aeropuerto en Alemania. Cuando Barings se dio cuenta del tamaño de la deuda de Leeson se vio obligado a declararse en bancarrota. El banco fue vendido a ING por solo una libra. Ciento veinte empleados perdieron sus trabajos; algunos de ellos eran sus amigos. Y a Leeson se le sentenció a seis años y medio en una cárcel de Singapur.

¿Cómo es posible que ocultar un error a sus jefes haya conducido a la destrucción de un banco mercantil con una antigüedad de 233 años, a una condena y prisión por fraude, y en última instancia al fracaso de su matrimonio? Era casi imposible saber dónde terminaría Leeson desde la perspectiva de donde empezó, pero ese es el peligro del pensamiento marginal.

"Lo que yo quería era éxito", le dijo a la BBC. Su motivación no era, afirmó, hacerse rico sino que se le siguiera considerando exitoso. Cuando su primer error comercial amenazó esa percepción, empezó a descender por el camino que lo iba a conducir a una cárcel en Singapur. Él no tenía forma de saber dónde iba a terminar, pero tan pronto como dio ese primer paso dejó de existir una línea en donde tuviera sentido darse la vuelta. El siguiente paso siempre es uno pequeño, y en vista de lo que ya has hecho, ¿por qué detenerse ahora? Leeson describió el sentimiento de recorrer ese oscuro sendero: "[Yo] quería gritar a los cuatro vientos... esta es la situación, hay pérdidas masivas, quiero detenerme. Pero por alguna razón eres incapaz de hacerlo".

Ese es el peligro del pensamiento marginal, de hacer algo solo esta vez, de aplicar tus reglas solo la mayoría de las veces. No puedes. Estoy seguro de que Leeson imaginó las consecuencias de confesar su error inicial, por más dolorosas que hubieran sido. Los costos de tomar el buen camino son siempre claros. Pero el precio de tomar el camino fácil —el que tomó Leeson— al principio no parece tan malo. No había manera de que Leeson hubiera imaginado que encubrir ese pequeño error resultara en la pérdida de todo lo que valoraba en su vida —su libertad, su matrimonio y su carrera—. Pero eso es exactamente lo que acabó ocurriendo.

El cien por ciento del tiempo es más fácil que el 98 por ciento

Muchos de nosotros nos hemos convencido de que podemos romper nuestras reglas personales "solo por esta vez". Podemos justificar en nuestras mentes estas pequeñas elecciones. Cuando ocurren por primera vez, ninguna de esas cosas se siente como una decisión que cambia la vida. Los costos marginales casi siempre son bajos. Pero cada una de esas decisiones se puede agrupar en un cuadro mucho más grande, convirtiéndote en el tipo de persona que nunca quisiste ser. Este instinto de solo usar los costos marginales nos oculta el verdadero costo de nuestras acciones.

El primer paso para descender por ese camino se da con una pequeña decisión. Justificas todas las pequeñas decisiones que conducen a la gran decisión y ya no parece tan enorme. No te das cuenta de en qué camino estás hasta que levantas la vista y ves que has llegado a un destino que alguna vez consideraste impensable.

Entendí el daño potencial de "solo por esta vez" en mi propia vida cuando estuve en Inglaterra jugando con el equipo de basquetbol de la universidad. Fue una experiencia fantástica; entablé una estrecha amistad con todos los miembros del equipo. Nos matamos toda la temporada y nuestro trabajo se vio recompensado: llegamos a las finales del equivalente británico del torneo de basquetbol universitario de la Asociación Nacional de Atletismo Colegial [NCAA, por sus siglas en inglés].

Pero entonces me enteré de que el partido de campeonato estaba programado para jugarse un domingo. Eso era un problema.

A los dieciséis años me comprometí con Dios a que nunca jugaría básquet en domingo porque es nuestro sabbat. Así que antes de los partidos finales fui con el entrenador y le expliqué mi situación. Estaba incrédulo. "No sé en qué crees —me dijo—, pero creo que Dios entenderá". Mis compañeros también estaban sorprendidos. Yo era el pivote titular y para dificultar aún más las cosas el pivote suplente se había dislocado el hombro en el juego de la semifinal. Todos los chicos del equipo me dijeron: "Tienes que jugar. ¿No puedes romper la regla solo por esta vez?".

Fue una decisión muy difícil de tomar. El equipo sufriría sin mí. Los integrantes del equipo eran mis mejores amigos. Había soñado con eso todo el año.

Soy un hombre profundamente religioso, así que me puse a rezar para saber qué debía hacer. Cuando me arrodillé a orar experimenté un claro sentimiento de que necesitaba mantener mi compromiso. Así que le dije al entrenador que no podría participar en el juego de campeonato.

En muchas formas esta era una pequeña decisión que involucraba uno de los varios miles de domingos de mi vida. En teoría, sin duda pude haber cruzado la línea solo aquella vez y no volver a hacerlo. Pero mirando retrospectivamente me doy cuenta de que resistir la tentación de "en esta circunstancia atenuante, solo por esta vez, está bien" ha demostrado ser una de las decisiones más importantes de mi vida. ¿Por qué? Porque la vida es solo un arroyo sin fin de circunstancias atenuantes. De haber cruzado la línea aquella vez lo hubiera vuelto a hacer una y otra vez en los años que siguieron.

Y resultó que mis compañeros de equipo no me necesitaron. De todos modos ganaron el juego.

Si te entregas a "solo por esta vez" basado en un análisis de costo marginal, te arrepentirás de dónde vas a acabar. Esta es la lección que aprendí: es más fácil sostenerte en tus principios el cien por ciento del tiempo, de lo que es sostenerlos el 98 por ciento de las veces. La frontera —tu límite moral personal— es poderosa porque no la cruzas; si justificaste el hacerlo una vez, no hay nada que te detenga de hacerlo otra vez.

Decide qué es lo que defiendes. Y entonces defiéndelo todo el tiempo.

Cuando una empresa se enfrenta a invertir en una innovación futura, por lo general hace números para decidir qué hacer desde la perspectiva de sus operaciones ya existentes. Con base en cómo se manifiestan dichos números puede decidir renunciar a la inversión si la actividad secundaria no vale el costo marginal de emprenderla. Pero hay un gran error escondido en ese pensamiento.

Y esa es la trampa del pensamiento marginal. *Puedes ver los costos inmediatos de invertir, pero es realmente difícil ver con exactitud los costos de no invertir. Cuando decides que la ventaja de invertir en el nuevo producto no es lo* suficientemente importante mientras tengas un producto existente perfectamente aceptable, no estás considerando un futuro en el cual alguien más lleve el producto nuevo al mercado. Estás suponiendo que todo lo demás —específicamente el dinero que haces con el producto viejo— seguirá para siempre exactamente como ha sido hasta ahora. Durante algún tiempo una compañía puede no tener ninguna consecuencia por esa decisión. Puede que en el corto plazo no se vea "atrapada" si un competidor no se le adelanta. Pero la compañía que toma todas sus decisiones a través de los lentes de los costos marginales finalmente paga el precio. Con frecuencia esto es lo que provoca que empresas exitosas dejen de invertir en su futuro y que, a fin de cuentas, fracasen.

Lo mismo es cierto también para las personas.

La única manera de evitar las consecuencias de concesiones morales desagradables en tu vida, en primer lugar es nunca empezar a hacerlas. Cuando el primer paso hacia el sendero se presente, date la vuelta y camina en otra dirección.

Epílogo

*La poca consideración que se les ha prestado al
objetivo y a la misión empresariales tal vez sea la
causa más importante de la frustración y el fracaso en los negocios.*

Peter F. Drucker

LA IMPORTANCIA DEL PROPÓSITO

Unas cuantas semanas antes del fin del semestre de otoño
de 2009 supe que tenía un cáncer similar al que había matado a mi papá. Les participé la noticia a mis estudiantes, incluyendo el hecho de que mi cáncer pudiera no responder
a las terapias con las que se contaba. Durante varios años
empleé mi última clase para discutir con mis estudiantes
las mismas cuestiones sobre su vida que les formulé en este

209

libro. Sin embargo, aunque había hecho mi mejor esfuerzo sentía que en ocasiones anteriores en el mejor de los casos la mitad de mis estudiantes había salido de la clase con una intención seria de cambio, y que el resto se había ido con la seguridad de que los temas eran importantes para otras personas, no para ellos.

Para esa clase, ese día de 2009, yo quería que fueran todos. Deseaba que *sintieran* lo importante que era que pensaran en las vidas que tenían ante sí. Mientras discutíamos juntos las teorías aplicadas a sus vidas y a la mía, sin duda nuestra conversación era más poderosa de lo que había sido en otras ocasiones.

Pienso que la razón se debía a que dedicamos tiempo en clase a discutir lo fundamental que es expresar el objetivo de nuestras vidas.

Ya sea que lo quiera o no, cada compañía tiene un objetivo que se asienta en las prioridades de la empresa y da forma de manera eficaz a las reglas por las cuales los directores y los empleados deciden qué es lo más importante en cada situación particular. En muchas empresas el objetivo ha llegado por medio de una estrategia *emergente,* por la cual ciertos directores y empleados poderosos creen que la compañía está ahí solamente para ayudarlos a alcanzar sus fines personales, cualesquiera que estos sean. Para ese tipo de personas, la compañía existe básicamente para ser utilizada. Las empresas con esos objetivos *de facto* por lo general desaparecen, y muy pronto la compañía, sus productos y sus dirigentes son olvidados.

Pero si una organización tiene un propósito claro y atractivo, su impacto y legado pueden ser extraordinarios. El propósito de la compañía funcionará como una guía que enfocará la atención de los empleados en lo que realmente importa. Y ese propósito le permitirá a la compañía sobrevivir a un director o un empleado. Apple, Disney, KIPP Schools (escuelas de inscripción abierta preparatorias para la universidad en comunidades de bajos ingresos, que han tenido resultados notables) y el Hospital Oftalmológico Aravind (un hospital de cirugía oftálmica en India que atiende a más pacientes que cualquier otro hospital oftalmológico en el mundo), son ejemplos de esto.

Sin un propósito, el valor para los ejecutivos de cualquier teoría de negocios sería limitado. A pesar de que la teoría es capaz de predecir los posibles resultados de una decisión importante, ¿sobre qué base podrían los ejecutivos tomar decisiones entre ellos para determinar cuál es el *mejor* resultado? Por ejemplo, si yo hubiera presentado mi teoría de la disrupción a Andy Grove y al general Shelton sin que hubiera una clara comprensión del propósito de sus respectivas organizaciones, yo habría sido un poco más que un facilitador de opiniones. El propósito fue el ingrediente crítico que los guio en la aplicación de la teoría.

De manera parecida, para maximizar el valor de los consejos de este libro debes tener un propósito en tu vida. Por esa razón deseo describirte los mejores procesos que conozco para desarrollar un propósito, e ilustrarlo con el ejemplo de cómo usé dicho proceso en mi propia vida. El mío fue un proceso riguroso, y también te lo recomiendo a ti.

LAS TRES PARTES DEL PROPÓSITO

Una afirmación útil del propósito de una compañía se compone de tres partes. La primera es lo que llamo una *semejanza*. Por analogía, un pintor casi siempre creará una semejanza a lápiz de lo que ha visto en su mente, antes de intentar plasmarlo en el lienzo. Una semejanza en una compañía es en lo que los principales directores y empleados desean que se convierta esta al final del camino en el que se encuentran. La palabra *semejanza* es importante aquí porque no es algo en lo que se convirtió la empresa en algún punto de su futuro y que los empleados "descubren" emocionados. En cambio, la semejanza es lo que los gerentes y los empleados esperan haber construido realmente cada vez que llegan a un hito fundamental en su trayecto.

Segundo, para que un propósito sea útil, los empleados y los ejecutivos deben tener un fuerte *compromiso*— casi una conversión— con la semejanza que están tratando de crear. El propósito no puede empezar y terminar en el papel. Debido a que repetidamente surgirán cuestiones imprevistas sobre prioridades que demandan respuestas, los empleados que carezcan de esta profunda conversión encontrarán que el mundo pondrá en peligro la semejanza con una oleada de circunstancias atenuantes.

La tercera parte del propósito de una compañía es uno o algunos *parámetros* mediante los cuales los directores y los empleados pueden medir su progreso. Estos parámetros permiten a cualquiera que está relacionado con la empresa calibrar su trabajo, haciendo que siga adelante de manera coherente.

Estas tres partes —semejanza, compromiso y parámetros—engloban el propósito de una compañía. Las empresas que aspiran a un impacto positivo nunca deben dejar su propósito al azar. Los propósitos valiosos rara vez surgen accidentalmente; el mundo está demasiado lleno de espejismos, paradojas e incertidumbre para dejar esto a la suerte. El propósito debe concebirse y elegirse de manera *deliberada* y después debe buscarse. Sin embargo, cuando eso está en su sitio, entonces la manera *como* la compañía llega a ese punto es generalmente emergente —en la medida en que las oportunidades y los retos surgen y se persiguen—. Los líderes corporativos más grandes están conscientes del poder del propósito para ayudar a sus compañías a dejar su huella en el mundo.

Esto es también cierto para los líderes que están fuera de la esfera de los negocios. Las personas que han encabezado movimientos para el cambio como Mahatma Gandhi, Martin Luther King y el Dalái Lama, tienen un sentido del propósito extraordinariamente claro. Como también lo tienen las organizaciones sociales que han luchado por hacer del mundo un lugar mejor, como Médicos sin Fronteras, el Fondo Mundial para la Naturaleza y Amnistía Internacional.

Pero el mundo no les "proporciona" un propósito convincente y gratificante. Y, desafortunadamente, tampoco te "proporcionara" uno a ti. La clase de persona en la que deseas convertirte —*cuál* es el propósito de tu vida— es demasiado importante para dejarlo a la suerte. Debe ser concebido, escogido y manejado intencionadamente. Las oportunidades y retos en tu vida que te permiten convertirte en esa persona serán, por su misma naturaleza, emergentes.

Siento un profundo respeto por el proceso emergente mediante el cual la estrategia se fusiona, y como consecuencia, por la evolución que ha sufrido la manera *como* he perseguido mi propósito paso a paso. Algunas veces, al avanzar hacia mi propósito he percibido las crisis y las oportunidades imprevistas como un viento en la espalda. Otras veces las he sentido como un viento paralizante sobre mi cara. Me alegra no haber sido muy rígido en cómo podía lograr mi propósito.

He intentado definir el propósito de mi vida y he ayudado a unos cuantos amigos y antiguos estudiantes a que lo hagan por ellos mismos. Comprender las tres partes que abarcan el propósito de mi vida —una semejanza, un compromiso y un parámetro— es la forma más confiable que conozco para definir para ti cuál es tu propósito y vivirlo todos los días.

Por último, por favor recuerda que este es un proceso y no un suceso. Me llevó años entender cabalmente mi propio propósito. Pero la travesía ha valido la pena. Con esto como telón de fondo, compartiré cómo llegué a entender mi propósito.

La persona en la que me quiero convertir

La semejanza —la persona en la que me quiero convertir— fue la más sencilla de las tres partes, y fue en gran medida un proceso intelectual.

Para mí, el punto de partida —como lo será para la mayoría— fue mi familia. En gran medida fui el beneficiario de sólidos valores, prioridades y cultura familiares. Nací en el seno de una maravillosa familia, y durante mi desarrollo mis padres tuvieron una profunda fe. Su ejemplo y su estímulo fueron muy poderosos. Plantaron la semilla de la fe en mi interior. No obstante, no fue sino hasta que cumplí veinticuatro años cuando llegué a conocer esas cosas por mí mismo.

Estas dos partes de mi vida fueron una valiosa fuente de inspiración para mí respecto a mi semejanza. Utilicé lo que había aprendido de mi familia y de las escrituras y la oración para entender la clase de persona en la que me quería convertir —la que, para mí, también implica el tipo de persona en la que Dios quiere que me convierta.

214

Por último, soy un profesional. Creo genuinamente que la administración se encuentra entre las profesiones más nobles si se practica bien. Ninguna otra ocupación ofrece más formas de ayudar a otros a aprender y crecer, a asumir responsabilidades, a ser reconocido por los logros obtenidos y a contribuir al éxito de un equipo. En gran medida me basé en este aprendizaje para moldear mi semejanza.

A partir de estas porciones de mi vida consideré la semejanza de en lo que deseaba convertirme:

- *En un hombre que está dedicado a ayudar a mejorar las vidas de otras personas.*
- *En un esposo, padre y amigo bondadoso, honesto, indulgente y generoso.*
- *En un hombre que no se limita a solo creer en Dios, sino que cree a Dios.*

Admito que muchos de nosotros podremos llegar a una conclusión similar, ya sea basándonos o no en creencias religiosas, acerca de la semejanza a la que aspiramos. Es una manera de establecer metas para ti —las más importantes que establecerás jamás—. Pero la semejanza que extraigas de ellas solo tendrá valor para ti si la creas para ti mismo.

COMPROMETIÉNDOSE

Es una gran cosa tener estas aspiraciones en la mente. ¿De qué manera te comprometes profundamente con estas cosas que guían a lo que le das prioridad día a día, que impulsarán lo que harás y lo que no harás?

Cuando estaba en la década de los veinte, la beca Rhodes me ofreció una extraordinaria oportunidad para estudiar en la Universidad de Oxford en Inglaterra. Después de estar ahí algunas semanas tuve claro que adherirme a mis creencias religiosas en ese ambiente iba a ser *muy* inconveniente. Como resultado, decidí que había llegado el tiempo de saber con certeza y para *mí mismo* si lo que había bosquejado como semejanza —la persona en la que me quería convertir— era realmente la que Dios deseaba que yo fuera.

Por consiguiente, reservé de las once a las doce de la noche, todas las noches, para leer las escrituras, rezar y reflexionar sobre esas cosas en una silla cerca del calentador de mi gélida habitación en Queen's College. Le expliqué a Dios que necesitaba saber si lo que tenía en la mano era verdadero y qué implicaba para el propósito de mi vida. Le prometí que si respondía a esa pregunta dedicaría toda mi vida a cumplir ese propósito. También le dije que si no era verdadero necesitaba saberlo, porque entonces dedicaría mi vida a encontrar lo que es verdadero.

Así, me sentaba en la silla, leía un capítulo y después reflexionaba sobre él. ¿Era verdadero? ¿Y qué implicaba para mi vida? Después, me arrodillaba a rezar y hacía las mismas preguntas y los mismos compromisos.

Tal vez cada uno de nosotros tenga un proceso diferente para comprometerse con nuestra semejanza. Pero lo que es universal es que tu propósito debe responder a esta pregunta: ¿en quién debo convertirme verdaderamente?

Si empiezas a sentir que la semejanza que has bosquejado para ti mismo no es la correcta —que esa no es la persona en la que te quieres convertir—, entonces debes reexaminar tu semejanza. Pero si se hace evidente que *es* la persona en la que te quieres convertir, entonces debes dedicar tu vida a convertirte en esa persona.

Puedo recordar con perfecta claridad la intensidad con la que me enfoqué en saber si mi semejanza era la correcta, y después comprometerme con ella. Es esta intensidad la que la hace verdaderamente valiosa —se convierte en las pinceladas que reproducen poderosamente sobre la tela lo que empieza como un borrador sobre el papel.

En la medida en que continuaba con este proceso, fue evidente para mí por los sentimientos que percibía en mi corazón y las palabras que venían a mi mente que mi semejanza era la correcta. Me confirmó que las características que esbocé —bondad, honestidad, ser una persona compasiva y generosa— eran las apropiadas. Vi en mi semejanza una claridad y una dimensión que nunca antes había imaginado. Esto cambió verdaderamente mi corazón y mi vida.

Para mí, definir la semejanza de la persona en la que me quería convertir era sencillo. Sin embargo, comprometerse profundamente a realmente convertirse en ese tipo de persona era difícil.

Cada hora que me dedicaba a eso en Oxford no estudiaba econometría aplicada. En ese entonces tenía el conflicto de si realmente me podía dar el lujo de robarle ese tiempo a mis estudios, pero seguí con eso.

Si en cambio hubiera dedicado esa hora cada día a aprender las últimas técnicas para dominar los problemas de la correlación en los análisis de regresión, hubiera desperdiciado seriamente mi vida. Pocas veces en el año aplico las herramientas econométricas, pero todos los días lo hago con el conocimiento del propósito de mi vida. Este es el trozo de conocimiento más valioso que he ganado.

ENCONTRANDO EL PARÁMETRO CORRECTO

La tercera parte del propósito de mi vida era comprender el parámetro mediante el cual mi vida sería medida. Para mí, esto fue lo que más tiempo se llevó. No llegué a comprenderlo sino quince años después de mi experiencia en Oxford.

Una mañana me dirigía a mi trabajo cuando tuve una súbita y fuerte impresión de que iba a recibir una nueva e importante tarea de mi iglesia, que no tiene un clero profesional y les solicita a sus miembros que apoyen tareas relevantes. Un par de semanas antes me había enterado de que cierto dirigente de la iglesia del área se iba a ir. Até cabos y concluí que esa era la oportunidad que había intuido.

Pero eso no fue lo que ocurrió. Supe que se le había pedido a otra persona que desempeñara ese puesto. Estaba destrozado, y no porque aspirara a una posición jerárquica, sino porque siempre había deseado jugar un papel importante en el fortalecimiento de nuestra iglesia. De alguna manera sentía que si se me hubiera asignado ese cometido me hubiera encontrado en la posición de beneficiar a más personas que no teniéndolo.

Esto me lanzó a una crisis de dos meses; creía que podía haber hecho un muy buen trabajo.

Como siempre ha sido el caso en las etapas más difíciles de mi vida, esta confusión personal precipitó una comprensión que se convirtió en el tercer elemento de mi propósito —el parámetro mediante el cual se mediría mi vida—. Me di cuenta de que al estar constreñidos por las capacidades de nuestra mente no siempre podemos tener una visión de conjunto.

Déjame explicarlo en términos de administración: los jefes de policía deben revisar los números de cada tipo de crimen a lo largo del tiempo para saber si su estrategia está funcionando. El director de un negocio no puede observar la salud completa de la compañía revisando órdenes específicas de clientes específicos; él o ella necesitan tener datos agregados como ingresos, costos y utilidades.

En resumen, debemos agregar para ayudarnos a ver el cuadro completo. Esto está lejos de ser una manera exacta de medir las cosas, pero es lo mejor que podemos hacer.

Debido a esta necesidad implícita de agregación, desarrollamos un sentido de jerarquía: las personas que tienen a su cargo a muchas personas son más importantes que aquellas que dirigen a menos personas. Un director general de una unidad de negocios es más importante que un gerente general; el gerente general es más importante que el director de ventas, y así sucesivamente.

Ahora déjenme explicarlo en términos religiosos: me di cuenta de que Dios, al contrario que nosotros, no necesita las herramientas de los estadísticos o los contadores. Hasta donde sé, Él no tiene organigramas. No hay necesidad de agregar nada más allá del nivel de un individuo para comprender por completo qué está ocurriendo con la humanidad. Su única medida del rendimiento es la individual.

Después de todo esto, de alguna manera llegué a entender que mientras muchos de nosotros podemos medir nuestras vidas mediante un resumen estadístico, tal como el número de personas a las que se dirigió, el número de premios o de dólares acumulados en un banco, y así sucesivamente, los únicos parámetros que realmente importarán en mi vida son los individuos a los que he ayudado a ser mejores personas. Cuando me entreviste con Dios, nuestra conversación se enfocará en los individuos cuya autoestima fui capaz de fortalecer, cuya fe fui capaz de reforzar y cuyo malestar pude mitigar —si fui un hacedor del bien, sin importar qué encargo tuve—. Estos son los parámetros que interesan al medir mi vida.

Esta comprensión, que ocurrió cerca de quince años atrás, me guio todos los días para buscar oportunidades de ayudar a las personas en formas adecuadas a sus circunstancias individuales. Como resultado de esto, mi felicidad y mi propia valía han mejorado inconmensurablemente.

LA COSA MÁS IMPORTANTE QUE APRENDERÁS

Al transitar mi vida como padre, esposo, ejecutivo, emprendedor, ciudadano y académico, el conocimiento del propósito que he logrado ha sido crucial. Sin él, ¿cómo hubiera podido anteponer las cosas importantes?

Lo anterior se puso de manifiesto recientemente cuando tuve que sortear una de las dificultades más grandes de mi vida. Casi inmediatamente después de que empecé a escribir este libro con James y Karen, y una vez recuperado del cáncer, sufrí un accidente cerebrovascular. Un coágulo se alojó en la parte de mi cerebro donde se formulan la escritura y el habla, y provocó una "afasia expresiva". Al principio no podía hablar ni escribir más que unas pocas palabras.

Eso fue complicado. Mi labor como profesor depende de esas facultades.

Desde ese día he estado aprendiendo a hablar de nuevo, una palabra a la vez. Recuperar mis facultades cognitivas y mi habla era tan demandante y el progreso tan desalentadoramente lento que absorbía casi todo mi tiempo y mi energía. Por primera vez en mi vida me concentré en mí mismo y en mis problemas. Fue una espiral anestésica y descendente, y por primera vez en mi vida sentí una verdadera desesperación. Mientras más me enfocaba en mis problemas, menos energía tenía para componerme.

Reconocí que había llegado a una encrucijada. Podría tratar de ocultar mis problemas, retirarme del mundo y enfocarme en mí mismo. O bien podría cambiar de rumbo. Resolví que necesitaba volver a enfocarme en dedicar la mayor cantidad posible de mi capacidad cognitiva y física en lo que sabía que era mi propósito. Y en la medida en que lo hacía —enfocarme en resolver los problemas de otros más que los míos—, la desesperación desapareció y me volví a sentir feliz.

Les prometí a mis estudiantes que si se tomaban el tiempo para imaginar el propósito de su vida lo recordarían como la cosa más importante que hubieran descubierto. Les advertí que su época escolar podría ser la mejor época para reflejarse profundamente en ese asunto. Las carreras vertiginosas, las responsabilidades familiares y las recompensas tangibles de éxito tienden a engullir el tiempo y la perspectiva. Que zarparían de su tiempo en la escuela sin un timón y que el embravecido mar de la vida los sacudiría. A largo plazo, la claridad acerca del propósito se impondrá al conocimiento de los costos basados en actividades, de los mandos integrales, de la competencia básica, de la innovación disruptiva, de las cuatro P, de las cinco fuerzas y otras teorías empresariales claves que enseñamos en Harvard.

Lo que es cierto para ellos también es cierto para ti. Si te tomas el tiempo de imaginar tu propósito en la vida, te prometo que lo recordarás como la cosa más importante que hayas aprendido.

⟡

He escrito este libro con mis maravillosos y capaces coautores para ayudarte a tener éxito y ser feliz en tu carrera.

Esperamos que te ayude a encontrar una profunda felicidad en las relaciones amorosas e íntimas con los miembros de tu familia y tus amigos, porque les otorgas las inversiones de tu tiempo y de tu talento que se merecen. Esperamos que este libro también impulse tu decisión de conducir tu vida con integridad. Pero sobre todo, esperamos que, al final, todos seamos considerados un éxito por el parámetro que más importa.

¿Cómo valorarías *tu* vida?

Agradecimientos

〜

Muchos investigadores de negocios, consultores y escritores crean y nos venden opiniones estáticas —instantáneas— de las tecnologías, las compañías y los mercados. Dichas fotografías describen en un punto específico en el tiempo las características y prácticas de compañías exitosas frente a las que tienen problemas; o a ejecutivos que se desempeñan bien y a aquellos que no lo hacen en el momento de la instantánea. Después, afirman de manera explícita o implícita que si quieres desempeñarte tan bien como los más exitosos, debes hacer lo que las mejores compañías y los mejores ejecutivos hacen. Las fotografías nos hablan de aquellos

223

que están adelante y atrás en la carrera. Pero nos dicen muy poco sobre cómo llegaron a ese punto. Ni tampoco nos dicen qué es probable que les ocurra en el futuro a aquellos que están en las fotografías.

Mis colegas, mis estudiantes y yo hemos eludido la profesión de fotógrafos. En cambio, estamos haciendo "películas" sobre administración. Sin embargo, estas no son las películas típicas que puedes ver en una sala de cine, en las que ves ficción concebida por las mentes de los productores y los guionistas. Las insólitas películas que estamos haciendo en Harvard son las "teorías" que resumimos en este libro. Estas describen qué *hace* que las cosas ocurran y *por qué*. Estas teorías constituyen las "tramas" de dichas películas. A diferencia de los filmes de las salas, que están llenos de suspenso y sorpresa, las tramas de nuestras películas son perfectamente previsibles. En ellas puedes reemplazar a los actores —diferentes personas, compañías e industrias— y volverlas a ver. Puedes escoger las acciones que dichos actores adoptan en la película. Ahora bien, debido a que las tramas de estas películas se basan en las teorías de la causalidad, los resultados de estas acciones son perfectamente previsibles.

¿Te parece aburrido? Probablemente para aquellos que buscan entretenimiento. Pero para los directores que tienen que entregar resultados, las teorías les permiten básicamente realizar simulaciones que pronostiquen los resultados a corto y largo plazo de varias acciones. Debido a que la teoría es la trama, puedes regresar la película, y si lo deseas, ver muchas veces el pasado para entender qué provoca qué, y por qué, en este momento. Otro rasgo de las películas de este tipo es que también puedes ver el futuro antes de que este ocurra realmente. Puedes cambiar tus planes en función de las diferentes situaciones en las que te puedes encontrar, y ver en la película cuál será el resultado.

Estoy profundamente en deuda con muchas personas que me han ayudado a desarrollar este cuerpo teórico que describe cómo funciona el mundo de los gerentes. Los profesores Kent Bowen y Willy Shih me enseñaron qué significa la teoría y cómo emplear el procedimiento científico para elaborar teorías poderosas en el ámbito de las ciencias sociales. Su orientación en mi investigación no tiene precio.

Mis otros colegas profesores, Steve Kaufman, Ray Gilmartin y Chet Huber; mis estudiantes de licenciatura y doctorado de Harvard y el ITM y los socios y miembros de Innosight y el Instituto Innosight, son algunas de las personas más inteligentes y más generosas del mundo. Todos los días utilizan nuestras teorías para explorar cómo resolver problemas y generar crecimiento y oportunidades para las empresas. Pero también se enfrentan a situaciones o resultados que nuestra investigación no puede explicar, y entonces me ayudan a resolver esas anomalías y a mejorar las teorías. Nunca imaginé que tendría la oportunidad de trabajar con personas de ese calibre. Y nunca imaginé que mis estudiantes podrían ser, de hecho, mis maestros.

Muchos de los que escriben sobre encontrar la felicidad en nuestras familias y en nuestras vidas personales manejan el mismo tipo de fotografías de personas exitosas y familias felices yuxtapuestas con otras de personas infelices y fracasadas. También recetan simples lugares comunes, prometiendo que si haces lo mismo que ellos, tendrás éxito y serás feliz. El aserto primordial de este libro es que las teorías que describen cómo funciona la administración también explican en gran parte qué provoca el éxito y la felicidad en las familias, los matrimonios y en nuestro interior, así como qué causa lo contrario. Esto significa que las teorías, o "películas" que nos permiten imaginar qué les depara el futuro a las compañías, nos pueden ayudar a conocer los resultados previsibles que proceden de las elecciones y prioridades que podríamos hacer en nuestras vidas personales.

Muchas de estas ideas surgieron en las reuniones de culto dominicales con compañeros de la Iglesia de Jesucristo de los Santos de los Últimos Días en la última década, a lo largo del cuadrante noreste de Estados Unidos. Es difícil describir estas reuniones a aquellos que nunca las han vivido. Su rigor intelectual es comparable al que experimenté en Harvard. Pero su visión espiritual es inigualable, de manera que podemos aprender cosas del exterior y del interior respecto a cómo serán medidas nuestras vidas. Estoy agradecido por estos maravillosos amigos, de los que sigo aprendiendo tanto sobre las verdades de la eternidad.

No puedo imaginar encontrar colegas más capaces que Karen Dillon y James Allworth para trabajar como coautores de este libro. Pacientemente sacaron ideas importantes que estaban aprisionadas en mi cerebro mientras yo luchaba por recuperarme del ictus. Los invité a unírseme porque sus perspectivas del mundo difieren de la mía. Incluso, a pesar de que mi contribución verbal podía ser muy limitada, de alguna manera ellos pudieron equilibrar las razones y las discusiones entre los tres, representando mis perspectivas por proximidad, a pesar de que yo no podía verbalizar mis preocupaciones y contribuciones de manera contundente. James es uno de los estudiantes más inteligentes que he conocido en la Escuela de Negocios de Harvard durante las últimas dos décadas. Pero es un hombre verdaderamente humilde y generoso. Karen es una de las mejores escritoras y editoras de la tierra; número tras número su oficio era evidente en cada página de la revista *Harvard Business Review*. En este proceso he hecho colegas competentes y amigos para toda la vida. Nunca podré agradecerles lo suficiente.

En la medida en la que mi vida se fue complicando, me habría convertido en un profesor aturdido y distraído sin Emily Snyder y Lisa Stone antes que ella. Llevaron a mi mundo, y a todos los que conocen, serenidad, bondad, orden, belleza y diversión. Por lo general, mis visitantes se van con la sensación de que haber conocido a Emily o a Lisa es lo más destacado de su visita. Clay es secundario.

Christine, mi esposa, y nuestros hijos Matthew, Ann, Michael, Spencer y Katie han cuestionado, probado, editado y respondido cada párrafo de este libro. Y con razón, porque el desarrollo y la aplicación de estas ideas han sido en verdad un asunto de familia. Cuando me enamoré de Christine había visto unas cuantas fotografías sobre el matrimonio y la paternidad. Nosotros y nuestros hijos ahora hemos estudiado individual y colectivamente las películas que las teorías de este libro nos han dado. Es muy impresionante ver de qué manera tan precisa la trama de las mismas ha pronosticado los resultados de las acciones que hemos elegido. Estoy agradecido más allá de las palabras por su valor para hacer las elecciones que nos proporcionaron tal felicidad. Les dedico este libro a ellos y espero que los pensamientos aquí descritos te ayuden así como nos han ayudado a nosotros.

Clayton Christensen

DEBO CONFESAR QUE SI HACE TRES AÑOS ME HUBIERAS DICHO, JUSTO antes de embarcarme en la aventura de una escuela de negocios en una tierra lejana, que iba a llegar al otro lado como coautor de un libro…, bueno, casi con seguridad no te hubiera creído. Si me hubieras dicho que iba a ser un libro basado en la aplicación de algunas de las teorías empresariales más rigurosas del mundo para encontrar la felicidad y la realización en la vida…, bueno, en ese caso tal vez incluso me hubiera reído.

Es gracioso cómo resulta la vida a veces.

El punto de partida para mis agradecimientos sin lugar a dudas tiene que ser a alguien a quien me siento increíblemente afortunado de poder llamar profesor y amigo: Clay Christensen. Puedo decir que el sendero por el que se encaminaba mi vida cambió el primer día que me senté en clase con Clay. Después de advertirnos que él había aprendido más de las clases que encontraba más difíciles, me hizo una llamada en frío (este es lenguaje de escuela de negocios para la pregunta inesperada y con frecuencia difícil al principio de una clase). En una escena que se repetiría muchas veces después, él esperaba pacientemente mientras yo buscaba a tientas la respuesta, y después gentilmente se aseguraba de que todos entendiéramos realmente la respuesta a la pregunta que había planteado. Repite esto durante un semestre —con un maestro que siente un genuino interés y preocupación por todos en el salón de clases y que resulta que es una de las personas más inteligentes del mundo— y al final te prometo que habrás aprendido mucho. Todo lo que Clay hace está motivado por un genuino interés por todos los que lo rodean. En todo el tiempo en que lo he tratado nunca he visto que este interés titubee. Y fue a mitad del semestre cuando le diagnosticaron cáncer, y tan pronto como pudo estuvo de regreso en clase con nosotros. Nuestro último día de clase fue abrumadoramente intenso cuando trabajó con nosotros las tres preguntas que contiene este libro. En ese momento su familia estaba en el salón; nadie de nosotros tenía idea de que era la última vez que él podría dar esa clase. El único efecto que aparentemente tenía en él era que estaba incluso más decidido a ayudarnos.

Durante mucho tiempo me pregunté qué había hecho para merecer el privilegio de poder trabajar con Clay. A medio camino del tiempo que trabajé con él caí en la cuenta de que en realidad no se trataba absolutamente de mí. En palabras de Goethe: "Trata a las personas como si fueran lo que deberían ser y las ayudarás a convertirse en lo que son capaces de ser". Tal vez pudo haberme hecho pensar que lo estaba ayudando, pero en la realidad siempre fue que él me estaba ayudando a mí.

Clay: aprendí tanto de ti. Además de mis padres, tú has hecho más para cambiar mi modo de pensar respecto al mundo que nadie. Te lo agradezco mucho.

Hay otra persona a quien, durante el recorrido de este libro, he llegado a conocer muy bien y que ahora tengo el privilegio de considerar una buena amiga: Karen Dillon. Cuando Karen y yo nos conocimos fue en circunstancias en las que yo buscaba su ayuda, pero en las que ella no tenía un verdadero motivo para ofrecérmela. ¿Su respuesta? Ayudarme tanto como pudo y aun más. De la misma manera en la que mi primera interacción con Clay presagió nuestra relación, con Karen sucedió igual. Ella es alguien que no hace las cosas a medias, es paciente, generosa, tiene un sentido maravilloso del humor, y bueno, también es endiabladamente inteligente. Me siento afortunado no solo por haberla conocido, sino por haber tenido la oportunidad de trabajar con ella. Cada vez que las cosas se ponían difíciles, Karen era la que nos centraba otra vez en la discusión, con su inteligencia, su humor y una actitud positiva sin límites. En realidad, es casi divertido enfrentarse con la adversidad con Karen a tu lado; no solo sabes que te cubrirá las espaldas sino que te ayudará a salir adelante.

Karen: hiciste de todo este proyecto una alegría. No hay otra persona a la que quisiera tener en las trincheras más que a ti.

Hollis Heimbouch, nuestra editora en HarperCollins. Hollis, gracias por haber tenido fe en este proyecto y por tener fe en nosotros. Sé que no siempre te hicimos la vida fácil, pero no tengo duda de que sin tus esfuerzos esto no hubiera sido posible.

Danny Stern, nuestro agente. Danny, gracias también por creer en nosotros. Muy pocas personas suscitan un sentido de la confianza como tú; tu consejo franco y valiente fue de inmensa ayuda a lo largo de este proceso.

Hay muchos colegas que nos dieron consejos, retroalimentación y sugerencias cuando emprendimos este proyecto: Wrede Petersmeyer, Max Wessel, Rob Wheeler, Rich Alton, Jason Orgill y Lucia Tian. Muchas gracias, chicos. Su talento, humor y paciencia no solo lo hicieron mejor de lo que hubiera sido, pero no tienen idea de lo importante que fueron para que yo mantuviera la cordura en Morgan 130. Realmente no podía pedir trabajar con un grupo de personas más maravillosas.

Lisa Stone y Emily Snyder no solo nos ayudaron a organizarnos, sino también a mantenernos motivados. Lisa y Emily, no tienen idea de lo mucho que su desbordante entusiasmo nos ayudó cuando el camino que teníamos enfrente se volvía difícil.

Hay algunos amigos de la clase de 2010 de la ENH a quienes debo dar las gracias: Christina Wallace, de quien fue la idea de que Clay hablara en la clase de graduación, y Patrick Chun y Scott Daubin, los presidentes de la clase, quienes aceptaron la sugerencia y la hicieron realidad. Muchos de nosotros reconocimos que el mensaje que Clay nos compartió en clase ese día merecía mayor difusión; ustedes tuvieron la visión y determinación de hacer algo al respecto.

Estoy en deuda con muchos de mis profesores por su ayuda y orientación en varias etapas de este proceso. Peter Olson, gracias por su tutoría y por su ayuda para navegar las traicioneras aguas del mundo literario. Su consejo y aliento fue invaluable. Igualmente a Anita Elberse —todo mi marco de referencia para las industrias de contenidos provino en gran medida de su clase—. Una disculpa por las numerosas emboscadas en los corredores, y gracias por compartir tan generosamente su conocimiento. Para terminar, muchas gracias a Youngme Moon por sus muchas y maravillosas sugerencias para la comercialización de nuestros esfuerzos y por ser tan generoso con tu tiempo al permitirme compartir mis ideas contigo.

Quiero agradecer a mis amigos de Booz & Co. por su paciencia y apoyo. Me vienen a la mente dos personas en particular: Tim Jackson y Michele Huey. Dudo de que hubiera podido llegar hasta aquí sin su ayuda. Gracias a ambos.

En el segundo capítulo Clay habla sobre el deseo de sus compañeros de clase de conservarse honestos, de alentarse entre todos para hacer algo con sus vidas que fuera realmente importante. Yo esbocé una amplia sonrisa cuando escuché por primera vez esa historia porque a pesar de que, como estudiantes de la Escuela de Negocios de Harvard a Clay y a mí nos separaban algunos años, yo también me beneficié de lo mismo. Un grupo de amigos me impulsó, me cuestionó, me sedujo para hacer algo en lo que yo creía, algo que yo pensaba que era significativo, y no me dejaron conformarme con menos: Taahir Khamissa, Anthony Bangay, Gui Mercier y D. J. DiDonna. Igualmente, en casa Kamy Saeedi y John Smith desempeñaron un papel muy parecido. Muchas gracias, chicos.

Debo agradecer a las respectivas familias de mis dos coautores. Esta ha sido una tarea de amor para todos, y sé que las exigencias de este proyecto a veces alejaron a sus seres queridos. Además de eso, les hemos pedido revisiones y retroalimentación, hemos interrumpido todo, desde traslados al extranjero hasta vacaciones, y hasta hemos incluido a algunos de ustedes en las historias que contienen estas páginas. Christine y Richard merecen un agradecimiento especial por ser el equipo de apoyo que nos mantuvo en el camino. Fue una alegría conocerlos a ambos.

Y luego está mi maravillosa familia. Mis padres, Mick y Susan, y mi hermana Niki. Puedo afirmar con absoluta certeza que sin su inagotable ayuda, apoyo y amor... bueno, ninguna de estas maravillosas oportunidades que he tenido —y en especial esta— se me hubieran presentado. Sé lo mucho que han tenido que sacrificar para ello, y sé que no puedo agradecerles lo suficiente. Ha sido sorprendente ver cómo, según hemos avanzado en el proceso de escribir este libro, parece que ustedes han aplicado intuitivamente mucho de lo que contiene a su propia familia. Les debo un agradecimiento mayor del que puedo plasmar en el papel.

Y por último, deseo agradecerte a ti, la persona que estás leyendo esto ahora. Gracias por confiar en nosotros para elegir este libro y escuchar lo que tenemos que decir. Hemos vertido nuestro corazón en él con la esperanza de poder ayudarte, y eso hubiera sido en vano si no hubieras tenido la generosidad de darnos la oportunidad de hacerlo.

En verdad espero que puedas obtener tanto de estas páginas como yo lo hice al participar en su elaboración.

James Allworth

Conocer a Clayton Christensen cambió mi vida.

En la primavera de 2010, como editora de la revista *Harvard Business Review* estaba buscando un artículo que le añadiera un plus a nuestro número doble del verano de 2010. Caí en la cuenta de que los alumnos que estaban por graduarse de la Escuela de Negocios de Harvard esa primavera se habían inscrito a la escuela de negocios cuando la economía todavía era color de rosa y todo parecía posible, y ahora se estaban graduando en mundo lleno de incertidumbre. Recurrí a Patrick Chun, copresidente de la clase que se graduaba en la ENH para que me ayudara a buscar ideas. Fue Patrick el primero que me dijo que la clase había elegido a Christensen para que pronunciara unas palabras y que estas habían sido extraordinariamente conmovedoras.

Así que busqué a Clay y le pedí que si podía ir a su oficina para intentar capturar algo de lo que les había dicho a los estudiantes. Aceptó de buena gana y recorrí el campus con una grabadora digital y el único propósito de conseguir un artículo para la revista.

Cuando entré en su oficina solo tenía en mente las vidas de los estudiantes de licenciatura que se graduaban. Cuando salí, más o menos una hora después, solo pensaba en mí.

Cada pregunta que Clay respondió, cada teoría que examinó resonaban en mí. Cuando revisé la transcripción de nuestra conversación original en los meses posteriores, observé la discusión salpicada de mis propios pensamientos en evolución. ¿Estaba en realidad asignando mis recursos a las cosas que más me importaban? ¿Tenía una estrategia para mi vida? ¿Tenía un propósito? ¿Cómo valoraría mi vida?

Me detuve en el estacionamiento de la ENH unas horas más tarde y supe que no me gustaban mis respuestas a esas preguntas. Desde entonces he cambiado casi todo en mi vida con el objetivo de volverme a enfocar en mi familia. Renuncié a la revista *Harvard Business Review* en la primavera de 2011 con los buenos deseos de mis colegas, y dediqué el tiempo desde entonces a escribir este libro con Clay y James, y a estar en verdad presente en los momentos de mi propia vida, y más importante aún, en las vidas de mi esposo y mis hijas. No me he arrepentido de una sola decisión que he tomado desde el día en que salí de la oficina de Clay.

Ha sido un honor trabajar con mis coautores, Clay y James, en este libro. En él se reflejan horas y horas de discusión y debate entre los tres. Me considero afortunada de haber tenido el invaluable beneficio de una tutoría privada sobre las teorías de Clayton Christensen. Pero más importante aún, me considero privilegiada por haber tenido la oportunidad de colaborar con un hombre que es brillante, amable y generoso, no solamente parte del tiempo, no solo mucho tiempo, sino *todo* el tiempo.

Y James, no podría haber imaginado la aventura en la que nos embarcaríamos cuando hablamos por primera vez allá en la primavera de 2010. Trabajar contigo me obligó a mejorar mi nivel de todas las maneras posibles. Aprendí tanto de ti, sin olvidar lo maravilloso que es tener un verdadero compañero con quien colaborar —y reír— a lo largo del camino. Eres una de las personas más brillantes y decentes con las que he tenido el privilegio de trabajar. Para mí, una de las mejores cosas que resultaron de este proyecto es la maravillosa amistad que hemos forjado en los días, semanas y meses de trabajar estrechamente en algo tan importante para nosotros.

Quisiera agradecer a mis colegas de la HBR por su apoyo al artículo original (y mis planes posteriores de reorganizar mi vida), especialmente al editor en jefe del Grupo HBR, Adi Ignatius, quien desde el principio me apoyó a mí y la idea del artículo; a la editora ejecutiva Sarah Cliffe, cuyos sabios consejos y sugerencias perfeccionaron mi trabajo; a Susan Donovan, quien pulió hasta la perfección el artículo original; a Karen Player, quien se aseguró de que el artículo fuera presentado maravillosamente; a Dana Lissy, quien siempre me permitió alargar el tiempo y los límites del espacio por algo valioso; a Eric Hellweg, quien se aseguró de que el artículo tuviera público en HBR.org y que desde entonces nos ha proporcionado su sabio consejo sobre la Red; a Christine Jack, quien constantemente fortaleció mi espíritu al ser una colega tan bondadosa, y a Cathy Olofson, que ahora está en Innosight, fundado por Christensen, quien se aseguró de que el artículo llegara a las manos correctas. Tina Silberman, gracias por ser la socia perfecta. ¡Sé que nadie se te acercará! Jane Heifetz, gracias por hacerme reír. El mundo necesita más Janes. Lisa Stone, asistente de Clay en la primavera de 2010, fue maravillosamente útil para preparar el artículo original. Emily Snyder, la actual asistente de Clay, ha sido una verdadera luz brillante: la fuente de un apoyo incesante a lo largo de la redacción del libro. Danny Stern y su equipo en Stern + Associates nos proporcionaron una orientación certera y motivación a lo largo del proceso. Diane Coutu, gracias por compartir tu entusiasta visión de reinventar tu vida conmigo ese día que atravesamos la ciudad juntas. No tienes idea de qué cosas tan maravillosas contribuiste a poner en movimiento. A mis amigos, tanto los del trabajo como los de afuera, que han sido la fuente de tanta alegría y apoyo a lo largo de los años. Tengo con todos ustedes una enorme deuda de gratitud.

Quisiera agradecer a Skype, Google Docs y Dropbox por hacer posible la redacción de este libro con coautores en Boston mientras vivía en Londres, pero James me dice que debemos escribir un blog sobre cómo empleamos esas herramientas para construir nuestra extraordinaria relación de trabajo… Así que eso tendrá que esperar.

Pero sobre todo quiero agradecer a mi familia. A mis padres, Bill y Marilyn Dillon, quienes de manera intuitiva construyeron la más maravillosa, sólida y amorosa cultura familiar que hubiera podido desear. Considero un objetivo en la vida llegar a ser la mitad de los padres que ellos fueron para mí. A mi hermana Robin y a mi hermano Bill, estoy orgullosa de las maravillosas personas en las que se han convertido, y aún más orgullosa de decir que después de todos estos años los considero a ambos mis mejores amigos.

Y a mi esposo Richard Perez, y a mis hijas Rebecca y Emma, quienes enfrentaron cambios drásticos en sus vidas para apoyar mi trabajo en este libro y mi búsqueda para reconfigurar mi vida. Ustedes me han dado apoyo e inspiración de todas las formas posibles. Considero un regalo ser tu esposa y su madre. En ustedes he descubierto mi propósito. Ya sé cómo valoraré mi vida.

Karen Dillon